TEACHER'S PHRONESIS

先生たちのフロネーシス

リフレクションを超えた授業改善の考え方

国立教育政策研究所総括研究官
千々布敏弥

教育開発研究所

はじめに

本書は２０２１年に刊行した『先生たちのリフレクション』の続編である。前著は私の20年以上にわたる学校および教育委員会との交流の集大成である。これまで、授業研究の意義を説いた『日本の教師再生戦略』（２００５）、同僚性の意義を説いた『プロフェッショナル・ラーニング・コミュニティによる学校再生』（２０１４）、学校における授業研究と組織文化の変容を目指して教育委員会が支援する事例を集積した『若手教師がぐんぐん育つ学力上位県のひみつ』（２０１７）、『学力がぐんぐん上がる急上昇県のひみつ』（２０１９）を刊行してきたが、その一番の鍵は教師のリフレクションを促すことであるというのが、前著の結論だった。

私は職業柄、教師たちから国の方針等について問合せを受ける機会は多い。学習指導要領のこと、学習評価のこと、学校評価や働き方改革など、学校や教師を取り巻く課題は多く、数多くの提言が文部科学省から出されている。以前であれば提言の主は文部科学省か地方自治体だったのが、最近はＯＥＣＤなどの国際機関の提言も参照したほうがいい文脈が生じている。そこでウェルビーイングやエージェンシーなどについての問い合わせもいただく。それらの情報や正答を求める思考を私は「技術的リフレクション」として批判し、「批判的リフレクション」に取り組むべきと、前著『先生たちのリフレクション』で提言してきた。

前著刊行後、各種の研究会に招聘され、批判的リフレクションについて語ってきたのだが、それぞれの会場で最も多くいただいた質問が「批判的リフレクションにどう取り組んだらいいか」というものであった。その質問自体は技術的リフレクションのレベルである。だから「その回答を他人に求めるのでなく、自分で考えろということですよね」と語る質問者もいた。そのような質問をいただきながら、批判的リフレクションのすすめを語るだけでは不十分ではないかとの思いが強くなった。

技術的リフレクションが必要ではないかという意見も多くいただいた。とくに若手教師の育成に携わっている指導主事にそのような意見を言う人がいた。批判的リフレクションの必要性はわかるのだが、それを要求しても応えることのむずかしい教師が多いから「意味がわからなくてもとりあえずやってみることで、その意味が徐々にわかってくることもあるのではないか」という趣旨である。「批判的リフレクションにどう取り組んだらいいか」「技術的リフレクションでもいい局面があるのではないか」との疑問に答えるのが本書である。

前著刊行から4年、より多くの学校から訪問依頼を受け、教育委員会とも交流し、加えてオンラインのリフレクション研究会を通じて参加者との交流を続けてきた。有能で独特の実践を展開している面白い教師は全国に数多く存在している。前著刊行以後、そのような教師たちとの交流が広がっていったことも本書刊行の要因となっている。彼らとの交流を通して、教師がどうリフレクションしているかを探っていった。

伝統的な授業研究は技術志向になりがちであり、リフレクションから遠ざかることになる――佐藤学が30年近く前に提言したテーゼである。そこから学びの共同体の動きが始まり、子どもに焦点をあてたリフレクションを重視した授業研究会が広まっていった。

私は学びの共同体に取り組む学校を実際に見て、子どもも教師も確かに「しっとりしている」と感心しながら（実は、佐藤学の言う「しっとり」の意味が当初わからなかった。彼が指導している学校を自分の目で見て授業の様子を表現しようとしたら、自然と「しっとり」の語が浮かんできた）、それでも旧来の授業研究を続けている学校がたくさんあり、その中で教師の共同体もリフレクションも促進されている様子を多く観察してきた。

学びの共同体に取り組んでいた学校が伝統的な授業研究に回帰しようとして、私に相談に来ることもあった。教科の専門家を頼ればいいのだろうが、国の人間を助言者として招聘するのが職員集団や教育委員会を納得させやすいのだろう。動機には若干の疑問を感じるところがあったが、いい機会ととらえながら多くの学校との交流を深めていった。同時に、伝統的な研究校の学びの姿も改めて探究することにした。

国立大学附属学校と言えば、各都道府県においてトップクラスの研究校である。私がこれまで交流するのは研究校の一歩手前の学校が多かったのだが、前著刊行以降、附属学校との交流の機会が増えた。附属学校の多くはハードな教材研究を積み重ねてモデル的な授業を公開することを使命としている。ところが、交流を続けるとその体制が維持しにくくなっている学校が少なからずあることに気づいた。

附属学校は県内のトップクラスの教師が集まる梁山泊のような組織とみられていたのが、そのような学校への赴任を断る教師が全国的に増えている。必然的に教師の資質にばらつきが生じ、学校の研究体制の維持がむずかしくなっている。交流を深めるほどに、力量の高い教師もそうでない教師もそれぞれの悩みを抱えている状況が見えてきた。

さまざまな学校との交流を続けるなかで、教師の学びの場は授業研究だけではないことも見えてきた。

カリキュラム・マネジメントがその典型である。田村知子との交流を通じ、彼女が指導する学校を拝見する機会を得た。その学校の授業研究は年数回の簡略なものであり、授業研究の頻度としては最低レベルのものであったが、授業の様子はすごくよかった。授業研究以外の手法で学校が高まることもある。つまりは、教師がリフレクションしていれば、授業の改善と学校の組織文化の変容が見られるのである。

上記のようなリフレクションをめぐる探究を通じて出会った教師たちに、オンライン研究会で語ってもらった。多くのギャラリーがいる場で語っていただくほうが、対面でインタビューするよりも当人の話そうというエネルギーが増す。また、そのような教師は次の機会によきインタビュアーともなった。この研究会はメンバーが雪だるま式に増えつつある。多くの教師がこのような勉強会を欲していたようである。本書刊行により、その勢いがさらに加速するのではないかと予想している。研究会の歩みを通じて、私のリフレクション研究は深まっていった。

以上の探索を通じ、教師の批判的思考の類型が見えてきた。その類型を示すことが、マニュアル志向ではない批判的リフレクションの指針になるとの確信を得るに至った。それが「フロネーシス」である。

フロネーシスとは、アリストテレスの語である。ギリシャ哲学に回帰せよ、と言いたいわけではない。いろいろ言いたいことを一言で言い表そうと試行錯誤した末に、この語が一番しっくりするという結論になった。

フロネーシスの語で伝えたいのは、教師には技術的に学ばねばならない教科の世界や授業づくりの基礎があること、教科の世界を学びつつもそれを自分化し、子どもに伝える過程が必要であること、その過程では子どもの見取りも必要だし、子どもの学びを解釈し、伸ばす思考が求められることである。

フロネーシスの語で伝えたいのは、次の三つである。

①教師には技術的に学ばねばならない教科の世界や授業づくりの基礎があること
②教科の世界を学びつつもそれを自分化し、子どもに伝える過程が必要であること
③②の過程では子どもの見取りも必要であり、子どもの学びを解釈し、伸ばす思考が求められること

本書では、リフレクションに教科の本質を学ぶ思考を加えた概念として、「フロネーシス」を使用している。

教師の思考は二項対立に向かいがちである。教材研究を通じて教科の本質を理解することを重要と説く書がある一方で、それでは技術思考に陥り、教師の共同体も構築できないと批判する書がある。後者の立場だと指導案作成過程も否定する。ところが、教師と子どもとの関係と子ども同士の関係が成立し、子どもが深い学びに取り組んでいる教師の授業は、子どもの見取りも教科の思考も両方とも高いレベルで成立している。そのような教師の思考をフロネーシスの語で示していく。

TEACHER'S PHRONESIS

目次

第4章

TEACHER'S PHRONESIS

第 1 章

フロネーシスとは

両方大事の思想

本書が使用する「フロネーシス」の語は知の体系に関するアリストテレスの用語である。アリストテレスが示した知の体系は、今日の教育界における子ども主語 対 教師主語、技術志向 対 省察志向、教科の本質 対 子どもの学び等の対立的に見られがちな概念を包括的にとらえる枠組みを示している。簡潔に言えば、どちらも大事ということだ。

私は教師によく見られる正答を求める思考を「技術的リフレクション」と批判し、「批判的リフレクション」に取り組むべきと、前著『先生たちのリフレクション』で提言してきた。ところが、学校との交流を重ねるごとに、技術的リフレクションと批判的リフレクションは対立概念ではなく、文脈に応じてそれぞれが必要とされる場面があると解釈したほうが、教師の現実的な思考にふさわしいのではないか、という思いが強くなってきた。

二項対立的思考の戒めは、私が前著で主体的・対話的で深い学びの成立過程を分析した際に到達した考えである。学習指導要領は長らく教師主語で語られてきた。改訂のたびに講義形式の教え込みの授業をどう変えたらいいか、どう改訂したら講義形式の教え込みの授業を変えることができるかが議論されてきたのだが、子ども主語で考えることで教え方の転換を図ることができるのではないか、「子どもが」主体的に学ぶ、「子どもが」対話的に学ぶ、「子どもが」深く学ぶようにすれば、授業が変わるのではないかと考えられた。中央教育審議会では当初、「教師が」アクティブ・ラーニングに取り組むことで授業が変わるのではと議論されていたが、「子どもが」主体的・対話的で深い学びを行うように取り組むことを推奨すれば授業が変わるのではないか、との考えで登場したことばである。

主体的・対話的で深い学びのことばの意味は理解できたが、それを実現するために授業をどうしたらいいのかについて考えだしたら、また出発点に戻ってしまった。調べてみると、たとえば主体的学びを実現するために、「子どもが明らかにしたくなる学習課題を設定する」「具体物を提示して引きつける」「子どもが自らめあてをつかむようにする」「子どもの思考に即して授業展開を考える」「子どもの考えを生かしてまとめる」などの視点が、都道府県が作成した授業の指針に書かれている。それを提示したらいいではないか、と学習指導要領の担当課に提案したのだが、それらの視点は従前から語られ続けてきたのに、授業がそうならない場面が多かったと反論された。そこで、「子どもが学ぶことに興味や関心をもつ」「子どもが見通しをもつ」「子どもが粘り強く取り組む」など、子どもが○○するような授業を意識したら変わるのではないか、というのが主体的・対話的で深い学びの語が目指したものだ。

教師主語で考えると授業が変わらない、子ども主語で考えるとどうしたらいいかがわからない。そのジレンマのなかで到達した考えが「子ども主語と教師主語の両方が大事」ということだ。教師主語から子ども主語へ転換しないといけない、という考えが現行学習指導要領の背景にあったのだが、そのためにも両方大事と考えていただくのが現実の授業を変えるのに有効なのである。

そう考えると、授業研究の手法における対立状況も同じことではないかと思えてきた。日本の学校が1世紀以上にわたって取り組み続けてきた授業研究が教師の力量を伸ばすのにすぐれた現職教育プログラムであることは、広く世界に知れ渡っている。

授業研究においては教材研究、指導案検討が必須の過程である。

ところが、それがとくに若手教師の授業研究への意欲を減退させ、教師集団の同僚性を低下させるという批判が起こっている。とりわけ教材研究や指導案検討を熱心に行ってきたベテラン教師が若手教師を指導しようとする場面でそのような現象が起こっている。

そのアンチテーゼとして、指導案を略案で済ませたり指導案を省略したりして、授業を観察した結果だけで交流する授業研究スタイルが登場している。授業後の検討会では授業者に関する気づきを交流するのではなく、子どもに関する気づきを交流するようにする。そうすることで授業者も参観者も安心して授業研究に取り組めるようになる、という考えだ。そのような授業研究に転換し、教師も子どもも元気になったという学校がある。

だが、そのような授業研究に取り組んできた学校が私に相談に来るのだ。教師も子どもも元気になったのだが、単に楽しいだけで、どのような力がついたのかがわからない授業が増えている、という趣旨である。

授業研究における考え方は、次の二つに分けることができる。

①教師の教材観や授業構想、指導技術を鍛えることを重視する考え方
②子どもが授業にどう関わり、どう学んでいるかを重視する考え方

前者に取り組めば教師の同僚性等で問題が生じ、後者にシフトしたら子どもがつける力で問題が生じる。この問題は、教師に焦点をあてるか、子どもに焦点をあてるかの問題ではなく、両者が満足するような、納得するような検討を行うことが重要ということである。

そう考えたときに、主体的・対話的で深い学びの語をめぐる教師主語と子ども主語の「両方が大事」という考えは、授業研究にもあてはまるという結論に達した。すなわち、教師主語で考えてきた旧来の授業研究と子ども主語で考える新しいスタイルの授業研究は、対立概念ではなく両方の視点が重要なのだ。教師には教材解釈や授業構想力が必要で、同時に子どもがどう学んでいるのかを把握し、子どもがどう学んでいったらよいのかを構想する力も必要であり、「両方が大事」なのである。

授業研究における二つの対立的な考え方は、助言者の姿勢に連動している。教科教育をテーマとする授業研究の多くは教科の専門家を指導者として招聘している。教科教育の指導者の場合、教科の意義や解釈を教えており、時には指導者の考えを押しつけているように見える場面が多い。一方で、テーマが子どもの学びを見取ることである場合に招聘される指導者は、「自分にはこう見えた」と語り、自分の見え方を相手に押しつけることはしない。教科教育の助言者は権力的に教える姿勢が強く、子どもの学びを見取ることを重視する助言者はコーチング的に相手に考えさせる姿勢が強い。授業研究における二つの対立的な考え方の両方が大事であることと同じように、この指導者の教える姿勢とコーチング的に考えさせる姿勢も「両方が大事」なのである。

２０２１年１月に「個別最適な学びと協働的な学びの実現」を求める中教審答申が出た。２０２０年度より小学校で、２０２１年度より中学校で全面実施されている新教育課程に関し、学習指導要領において示された資質・能力の育成を着実に進めるために、２０１９年に補正予算措置された一人一台端末を活用しながら、個別最適な学びと協働的な学びを進めることを求めた。

この答申以後、多くの学校が一人一台端末を活用した個別最適な学びや協働的な学びに取り組むことになったが、一方で従来通りの一斉講義形式の授業が続いている場面も見る。そのような教師に尋ねると、ＩＣＴを使用すればよいのか？　イエナプランのように子どもが好きな学びに取り組むことでいいのか？　という疑問が返ってくる。ＩＣＴを活用した個別学習が単なるドリル学習にとどまっているという批判もある。一斉講義形式の授業を構想する際に教師が考える、その授業で子どもにつけさせたい力に関する省察が、個別学習を構想する際に弱くなるようなのである。一斉講義形式の授業における教師の授業構想と、その中で子どもの個別の特性や学習意欲に応じた学習機会の工夫は「両方が大事」なのである。

組織運営においてトップダウンとボトムアップはどちらがいいのか。教育界ではボトムアップでいくべき、との考えが大部分だろう。だが、各教室が落ち着き、授業が成立している学校を観察すると、必ず校長のリーダーシップが機能している。校長のリーダーシップなしに学校が変わることはあり得ない。その校長のリーダーシップは職員のやる気を喚起するサーバント型のリーダーシップもあるが、学校によってはトップダウン型のリーダーシップが機能していることもある。とくに校内が荒れて危機的な状況になった学校では、職員一人ひとりの考えを尊重するよりも、まずは荒れを落ち着かせないといけない。

当初はトップダウン型で学校を落ち着かせることに成功した校長が次に目指すのは、職員の自発的な授業改善である。トップダウンからボトムアップへシフトするのだ。トップダウンもボトムアップも「両方が大事」なのである。

教育に関する言説の多くは二項対立の一方に偏っている。いずれかの言説に依拠して自説を展開すれば、気分的には楽になるだろう。どちらも大事ということであれば不安定な立場を続けることになる。「技術的リフレクションよりも批判的リフレクションョン」と前著で語りながら、その立場に安住してきた自分が反省させられる。「両方が大事」という理念をどう説明したらいいのであろうか。

教育技術の二項対立

1980年代に大きな動きとなった教育技術の法則化運動も二項対立の流れで解釈

できる。それ以前に教師の学びの場の主流であった民間教育研究団体の活動を批判し、共有化可能な教育技術に焦点化した交流の場を提起して全国的に広まった。

教育技術の法則化運動の流れをくむ日本教育技術学会の２０２３年大会に、私は講演者として招聘された。依頼をいただいた当初は驚いた。私が技術的リフレクションとして批判する最も大きなターゲットは教育技術の法則化運動だったからだ。依頼を伝えた主催者に「本気か」と尋ねた。運動の根本を批判することになるはずだが、それでもいいのかと確認したら、返答は「会の考えを拡大したいと思っているので、大いに批判していただきたい」とのことだった。度量の大きさに感心しながら、会の趣旨を改めて考えるために向山洋一の『教師修業十年』（１９８６）を読み直した。すると、向山の実践には法則化されない、実践的リフレクションに該当するものが多数記述されていることに気づいた。

不登校の子どもの家を何度も訪問し、天井裏から返事を得たときの達成感、子どもに跳び箱を跳ばせるために自分が四つん這いになり、子どもに頭を踏みつけられながら跳び箱を跳ばせることに成功した体験などは法則化できるものではない。

日本教育技術学会あるいはＴＯＳＳは、法則化可能な教育技術ではなく、向山の実践に魅せられた教師が集まった団体と解したほうが妥当なのではないかと思われる、という話を講演で話させていただいた。それなりの反応があり（ポジティブな反応であったと思っている）、私の向山洋一解釈は受け入れていただいたと思ったのだが、講演に続いてのシンポジウムで、司会者から「やはり法則化技術は必要だと思いませんか」と尋ねられ、躊躇してしまった。その質問にはノーと答えることになると、依頼を受けた段階から言っていたにもかかわらず、この段階でその質問をするのか。私の法則化解釈を受け入れてもらえているようだと安心していたところに冷水を浴びせるような質問で、私は固まってしまった。そこでどう回答したか記憶が定かでない。シンポジウム後の懇談会で向山氏と仲良く話したので、その場は穏便な回答をしたのだろうと思うのだが、私の心は苛立っていた。

苛立ちながらも、なぜ彼らはそれほどに教育技術にこだわるのか、考えてみた。向山洋一の実践において教育技術ということばで表現されるものは一部でしかない。どうせなら「授業づくり学会」のような名称にして向山の実践に学ぶ会にしたほうが、会の性格がより現実的で明確になったのではないかと思われる。

しかるに彼らが「教育技術の法則化」にこだわったのは、当時の教育界をめぐる情勢がそうさせたのではないかと推察している。向山が『現代教育科学』誌上で教授学研究会のメンバーと論争を繰り広げたのは、当時の教師の学びの場の主流であった民間教育研究団体の欺瞞性を追及したかったのではないか（向山洋一、１９８０）。

民間教育研究団体は、それぞれに意義のある実践を追究している。そこに多くの教師や研究者が集い、議論しながら団体の理念に従った実践の構築を目指している。しかし、集う関係者が多くなるほどに真の理念から外れる実践や理論が生まれがちになる。運動として推進するうえで避けることのできない組織的なジレンマであろう。向山が攻撃したのはそのジレンマであり、現在の日本教育技術学会は自らそのジレンマに直面しているのではないかと解釈すると、あのシンポジウムにおける違和感を了解することができるのである。

実践をことばで説明しようとすると、実践の一側面のみ焦点化することになる。研究発表会の際にフロアから「この学校では〇〇についてどうお考えですか」と詰問調の質問が投げかけられることがあるが、それはその点が明確になっていないが故の質問ではなく、その日参観した実践への不満を質問の形で示しているだけということがある。あるいは教室によって異なる考えに基づく授業が展開されていたことへの不満かも知れない。

附属学校などの研究校から、学校内を一つの考えでまとめることの困難さについて相談を受ける機会は多い。授業は教師の主体性に基づき、それぞれの主体的思考で創造される。教師の協働は教師によって異なる教育観を相互承認するなかで成立するものである。

教育実践に関する団体は、団体という性質上、多様な考えを包摂せざるを得ない。それは団体の理念の脆弱性（攻撃に対処する力の弱さ）につながるが、団体の規模を拡大したり維持したりしようとすると、避けることのできないジレンマとなろう。そう考えると、シンポジウムにおける違和感よりも、教育に関する組織をまとめることの困難さへの思いが強くなった。

アリストテレスのエピステーメーとフロネーシス

以上に示した問題状況を、本書ではアリストテレスの枠組みで説明しようとしている。アリストテレスは『ニコマコス倫理学』において、人間の知や思考の在り方をエピステーメー、ヌース、ソフィア、フロネーシス、テクネーの五つのことばで説明している。

エピステーメーとは、論証可能で普遍的な知識である。あらゆるエピステーメーを人は教えることができ、人によって学ばれるものである。学習指導要領をエピステーメーと称するのは議論の余地があろうが、多くの教師が授業を構想するにあたり学習指導要領の記述は当然のことと受け止めているし、学習指導要領の記述内容を踏まえていないと不勉強と評されることになる。学習指導要領が伝える各教科の内容もエピステーメーの世界に属する。数学や物理の原理、生物の分類、地理や歴史における法則性など、学問の世界で生み出された知識は、動かすことのできない知識として子どもに教授されるべきものである。

ヌースとは、道徳や正義などの論証不可能な価値のことである。なぜそれが必要かは多くの言説で語られているものの、学問の成果に比べると論証性が低い。道徳で語られている価値に「なぜ○○してはいけないのですか」と疑問を呈する子どもに説得的に語るのはむずかしい。論証不可能だが、我々は知っていないといけない価値や知識があるというのがヌースの考え方である。

ソフィアとは、エピステーメーとヌースを併せもっている状態のことを言う。全知全能の賢者のようなイメージだ。今日の文脈ではそのような人物などいないと批判されるだろうが、ソフィアを体現している人を想定している、あるいは期待する文脈は多い。

アリストテレスはエピステーメー、ヌース、ソフィアを「原理が他の在り方を許容しない物事」すなわち、誰でも従うべき価値観や知的世界に関することがらととらえた。対して、「原理が他の在り方を許容する物事」もある。それが思慮深さとしてのフロネーシスと技術としてのテクネーである。

フロネーシスとは、人生全体としてよく生きるためにはどういったものがよいのかを思案することである。人生全体のことがらでなくとも特定の「すばらしい」目的について思案する状態も含まれる。アリストテレスのフロネーシスは人生の幸福（エウダイモニア）に向けた思索を意味している。この思考は育てる子ども像を考えたり、授業を構想したり、授業における子どもの反応への対応を考えたりする思考に該当する。

テクネーとは物事の生成に関わることである。文脈に応じて思考することがフロネーシスで、文脈に応じて行動することがテクネーと解していいだろう。

以上のアリストテレスの枠組みを私なりに再整理すると**図1**のようになる。この図式におけるエピステーメーとフロネーシスが、教育の世界における教科の価値と子ど

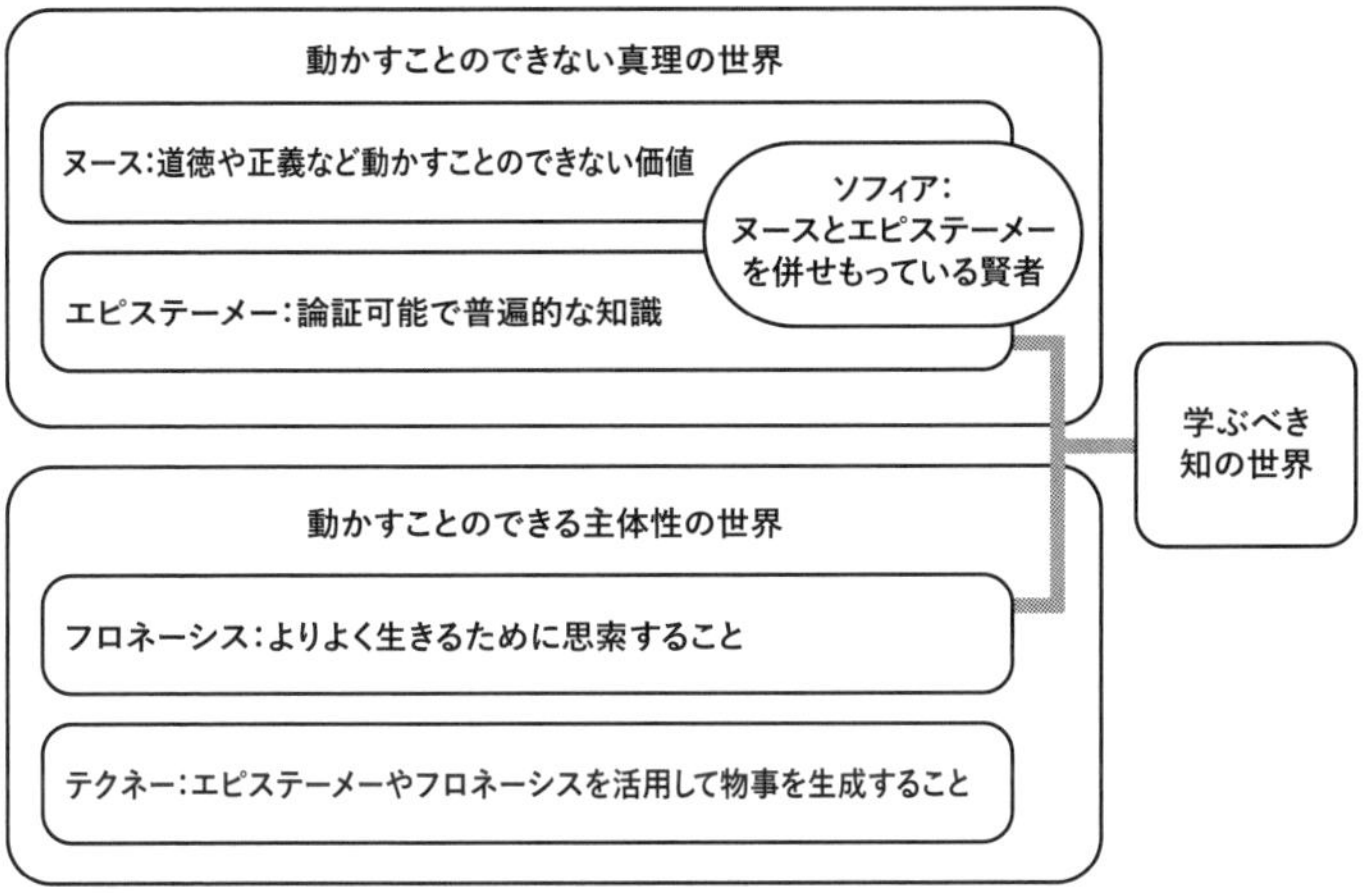

図1　アリストテレスによる人生の幸福に向けた知の世界

もや教師の思考の関係をとらえるのに適していると私は考えている。

本書では教師の思考において、エピステーメーを前提にしている思考とフロネーシスを前提にしている思考の両方が存在していると考えている。

私は校内研修に招聘されるたびに指導案を示されて、「これで正しいでしょうか」と聞かれることを不思議に思っていた。教師がそれぞれに授業を構想して指導案を記述しているのだから、それに正しい・正しくないという価値判断を下すのは不適切になるはずだ。

しかし、教科の目的を変な方向に解

釈している指導案を読むと、「これは間違えている」と言いたくなる。倫理観に欠ける教師を見ると、やはり「あなたは間違えている」と言いたくなる。エピステーメーやヌースの世界は存在していると考えたほうがよい。校内研修に招聘される助言者を、ソフィアを体現している人と見なしたくなる教師がいることも無理からぬことであろう。

フロネーシスとはすなわちリフレクションである。ドナルド・ショーン（1983）がリフレクションの意義を説いて以降、教師とはリフレクティブ・プラクティショナー（反省的実践家）であると広くとらえられてきた。教員研修も知識を獲得する研修から省察能力を高める研修にシフトしつつある（そのような動向が国や都道府県教育センターの研修においても見られる）。

本書でリフレクションのことをフロネーシスと称するのは、リフレクションの語ではエピステーメーの世界を否定したり無視したりしがちな状況に対するアンチテーゼを示したいことによる。すなわち、教師は学ぶべきことは学び、自ら思考すべきことは思考すべきなのだ。そのことを本書ではエピステーメーとフロネーシスの語で示していきたいと考えている。

エピステーメーとしての教科

アリストテレスの枠組みを使用すると、教師の教科に関する思考（教材研究）、教科の目的を達成するための指導案作成、授業の実際の場面における子どもの学びとの臨機応変の対応、それぞれの場面における教師の思考をうまく説明できる。

エピステーメーとは普遍的な知の世界である。数学的原理や物理的原理は普遍であるし、種の分類は立場の違いにより複数の分類があり得るが、その学術的説明は不変のものである。言語の意味するものが話者によって異なれば会話が成立しないし、その記号論的意味も学術的に解明されている。それらのエピステーメーを知識として伝達することは教育の大きな目的の一つである。

我々は会話の中でエピステーメーの存在を前提とした語りを多くしている。「彼はわかっていない」「間違えている」などの発言である。さらに学校で教えることがらは習得すべきものであり、それをわかっているか否か、知っているか否かは人生に重要な影響を及ぼすと考えられている。

エピステーメーは、正しい・正しくないという価値が適用可能である。学問や教科の世界が該当し、今日では知の普遍性は懐疑的に見られつつあるものの、普遍的な知の世界の存在自体を否定する人はいないはずだ。研究者であれば学問の成果の普遍性は研究者相互の検証過程の中から徐々に形成されるものと考えるが、日本の教科の世界では、学習指導要領を編纂した教科調査官が教科の権威として遇される場面が少なくない。学習指導要領は教育内容の基準として国が示すもので、教育方法まで規定するものではない（主体的・対話的で深い学びの語は学習指導要領の中できわめて抑制的に使用されている）。

しかし、毎年開催される都道府県・指定都市の教科担当指導主事が集まる連絡協議会では、教科ごとに調査官が登壇し、モデル的な指導方法を紹介し、各参加者がもち寄った教科指導に関する情報が交流されている。教科調査官は教科ごとに開催される研究会でも指導的立場で参加し、指導・講評を行っている。学会の名称を冠している団体でも、教科調査官あるいはその教科において各地で指導的な立場にいる指導主事や教師が指導・講評の任を担っている。

教師が集う学びの組織には同じような構造が見られる。教育センターの実践研究を交流する場、都道府県単位で組織されている教育会等で開催される実践研究交流会、校長会や教頭会など、多くの教育関係の研究団体は、都道府県単位の組織が地区ごとにまとまって（関東地区、東海北陸地区等）交流する機会を毎年もっているし、全国レベルの大会を開催するのは地区単位の回りもちとなっている。

それぞれの会では、都道府県レベルであれば都道府県の指導主事、全国レベルであれば教科調査官が指導・講評の任で招聘される。学校経営担当の調査官はいないから、大学の研究者が招聘される。教育センターの実践研究発表会では国立教育政策研究所の研究官が招聘されることもある。

私自身も、校長会、教頭会、教育センターの研究発表会等で指導・講評の任を依頼される機会が数多くある。依頼されるたびになぜ指導・講評の必要があるのかと疑問に思っていたのだが、教育には動かすことのできない知の世界＝エピステーメーの世界があると考えれば、納得がいく。日本の教師は「正しい」ことが気になり、正しいか正しくないかを判断してくれる存在を求めていると考えると、各団体の会合で指導者を招聘することが了解される。

第二次大戦前の視学制度はまさにそうであった。視学は人事権ももっているため、権力的に教師を指導し、教師にとっては指揮命令のように受け取られていた（平田、1979）。戦後に視学制度は解体され、教育行政制度は教育内容行政まで含めて大きく変わったのだが、教師がエピステーメーに支配されたがる性行は残っており、それが各種教育団体における指導者招聘という構造に表れている。

石井英真（2021）は「何がいい教育かということ自体、論争にひらかれているが、そういう時代だからこそますます「教師自身が知をつくっていくためのリソース」よりも、「正解を与えてくれる存在」としての「教祖」を欲するようになる、と語っている。

教師の教科に関する思考を「正解」の存在を前提としたものととらえるならば、学校や教育センターの実践研究報告において学習指導要領や研究物の文言が冒頭に取り上げられ、そこから演繹的に研究テーマの解説が続く記述手法が了解される。そこに招聘された助言者や講師は、その論法が「正しい」ものであることを保証する「教祖」であることが求められるのである。

教科の世界をエピステーメーとしてとらえると、その世界をより深く理解している指導者の助言を受けたくなるが、教科の世界をフロネーシスとしてとらえると、その世界を子どもにどう伝えるか、子どもがその世界を学ぶことをどう支援したらよいかを、教師が主体的に考えようとする。

教科の世界にはエピステーメーの世界とフロネーシスの世界がともにあると考えると、授業研究において教科の高い知識をもっている助言者が求められる状況、助言者を求めながらも自分で指導案を考えたくなる授業者の姿勢を説明することができる。

第2章では、エピステーメーが多くを占める教材研究について考えていく。

フロネーシスとしての省察

教師が子どものことを考えている場合、ほとんどがフロネーシスになっているはずだ。最近はデジタルデータを活用して子どものことを客観的に診断しようとする動きが見られるが、そのような取り組みを行っている学校を拝見すると、データに基づいて教師が思考している姿はフロネーシスとなっている。

授業中に机に寝そべったり、席から立って教室内を歩いたり、教室を抜け出して廊下をさまよう子どもに直面する教師は、そこで心理学の本を読むよりも、なぜそうなっているかを考えるはずだ。

教室の荒れを克服した教師は、どうやって克服できたのか、具体的に説明できないことが多い。「いろいろやって取り組んでいる間にいつのまにか子どもが落ち着きました」と語る教師が多い。学校を立て直すことに成功した校長も同様だ。学校の再建過程では子どもだけでなく教師も変える必要がある。彼らを変えようとする校長は、まずは信頼関係の構築に力を入れる。その方法を理論的に説明することはむずかしい。

佐藤学（１９９６）は旧来の授業研究を「技術的実践」を志向する「授業の科学」と批判し、「教室の事実と事実の間の見えない関係を読み取って、そこに生起している出来事の意味や経験の意味を探究する」、「反省的実践」を志向する「授業の探究」の必要性を主張した。この佐藤論は、多くの学校の授業研究に影響を与え、富山県堀川小学校、長野県伊那小学校などを範とする、子どもの学びを解釈する教師の省察という形で推進される授業研究が広がることとなった。

福井大学教職大学院は、多くの大学院が目指している論理的思考ではなく、自らの実践を省察する思考を、大学院に通う現職教員に求めている。大学院に所属する学生だけでなく、全国から省察を求める教師を集めたラウンドテーブルを開催し、ラウンドテーブルの実践は福井大学から他大学に異動した研究者やラウンドテーブル経験者により、福井以外にも広がりつつある。

藤沢市教育文化センターは、センターの研修生となっている市内教師が自分の授業を効果的に振り返るための手法を開発している。研修生は自らの授業をビデオ撮りし、センターでビデオを視聴しながら授業の中で思ったことや感じたこと、見たことやわかったことをカードに書き出す。カードを構造化することで授業を構造的に振り返ることを促進している（千々布、2005）。これは、行為の中の省察を行為後にいったん離れた立場から改めて省察することになる。

第3章では、フロネーシスの中心を占める、教育観に焦点をあてた省察の在り方について考察していく。

フロネーシスとしての問題解決思考

前節の省察は個人レベルで行われることが多い。しかし、多くの先行研究が集団省察の効果を示している。ところが教師集団が省察に取り組むときは組織の問題に直面する。それを解決しようとするのが問題解決思考である。

集団の意思決定、価値観の対立、戦略の考察など、論理的・客観的に解を見つけにくい問題は多い。授業の最中において教師は子どもの反応を瞬時に把握し、解釈し、反応する必要がある。瞬時の課題に応じるために依拠する価値観は教師それぞれに異なり、その相違を理解していくのが前節の省察になるのだが、現実には異なる価値観をもつ教師集団が学校として意思決定していく必要がある。

そこにおける思考は論理的に説明することが困難なものが多く、時には大きな対立を生じることもある（今日の世界レベルで生じている民主主義の危機がいい例だろう）。そこで必要な思考は、価値観の相違を認めながら組織としての意思決定をさぐることである。

完璧な合意や問題解決は不可能だ。問題解決思考とは、限られた範囲の条件分析のもとで限られた範囲の合意を得ることを目指す。合意が困難であれば権限をもつ誰かが意思決定をすればいいと考えたくなるだろう。だが、困難を通して合意を得た組織が大きな力を得ることになるのは、多くの先行研究が示している。

第4章では、フロネーシスの一形態である問題解決思考について考察していく。

省察と問題解決思考を促すコーチング

教育観の省察や問題解決思考は、自分だけ、自分たちだけで取り組むことはなかなかむずかしい。教育観にしても集団が共有している価値観にしても、それらは当事者に意識されないことが多く、無自覚の世界になっている。無自覚の世界を自覚させ、それを変える思考を促進するのがコーチングである。

第5章では、フロネーシスを促進するコーチングについて考察していく。

エピステーメーとフロネーシスの根底にあるエージェンシー

教師は謙虚に学ぶべきエピステーメーの世界と、自ら主体的に考えるべきフロネーシスの世界を共に生きている。これが本書のテーマである。授業研究の講師として招聘される教科の専門家（指導主事や教科をきわめた退職校長など）はエピステーメーの世界を語ることに長けている。学ぶべき教科の世界は存在しているし、教科の世界を正統に理解できていない教師は、教科の専門家に学ぶことでしか自らの誤りに気づくことはないだろう。それ故に教科の専門家は時に厳しい口調で教師を指導することもある。

ところが、授業において教師は、教科の世界を子どもに「伝える」ことが仕事ではない。教科の世界を「獲得させる」ことが仕事である。だから、教師は子どもに与える学習課題や教材を工夫し、発問によって考えさせる。その過程は子どもとの相互作用で多様に変容し、教師は臨機応変の対応が求められる。そこで機能しているのはエピステーメーではなくフロネーシスとしての思考である。

教科の専門家はエピステーメーの世界を伝達するうえでは指示や講義の手法をとることもあろうが、教師にフロネーシスを促すうえでは指示も講義も適切でない。子どもに考えさせるのが発問であるのと同じように、教師にフロネーシスに取り組ませるためには質問で対処するしかない。あるいはワークショップに取り組んで集団思考を促すしかない。コーチングやファシリテーションと称される手法は、教師が省察を深めたり、自ら考えて問題解決を見いだしたりするための手法である。

本書の考え方の根底には、教師の主体性の問題がある。私のこれまでの学校や教師との交流のなかで、外部からの助言をかたくなに受けつけない姿勢に直面することが多々あった。そのような場面の積み重ねのなかで獲得したのはコーチング的手法なのであるが、その根本要因を説明するのにエージェンシー理論が有効である。

第６章では、ギデンズのエージェンシー論に依拠しながらエージェンシーについて考察していく。

フロネーシスによるウェルビーイングの実現

本書の考えは、ＯＥＣＤがEducation2030で示したラーニング・コンパスにも通じる。生徒は知識やスキル、価値観の学びを経てコンピテンシーを獲得する。それは一方向的な学びではなく、最初の学びが次の学びにつながり、循環するなかで育まれていく。子どものエージェンシーはその原動力となるもので、ウェルビーイングに向けた、主体的に学ぼうとする意欲である。**図2**において、子どもの学びの目的は利己主義的な幸福ではなく、社会全体が幸福を実現できているウェルビーイングの実現であると示されている（白井、２０２０）。

ラーニング・コンパスは子どもの学びについてまとめた図であるが、これを教師の学びに置き換えることもできる。子どもが獲得する教科の知識やスキル、価値観、態度は教師にとっても重要であり、それを見通し（Anticipation）をもって行動（Action）に移し振り返っていく（Reflection）というＡＡＲサイクルのなかで獲得し

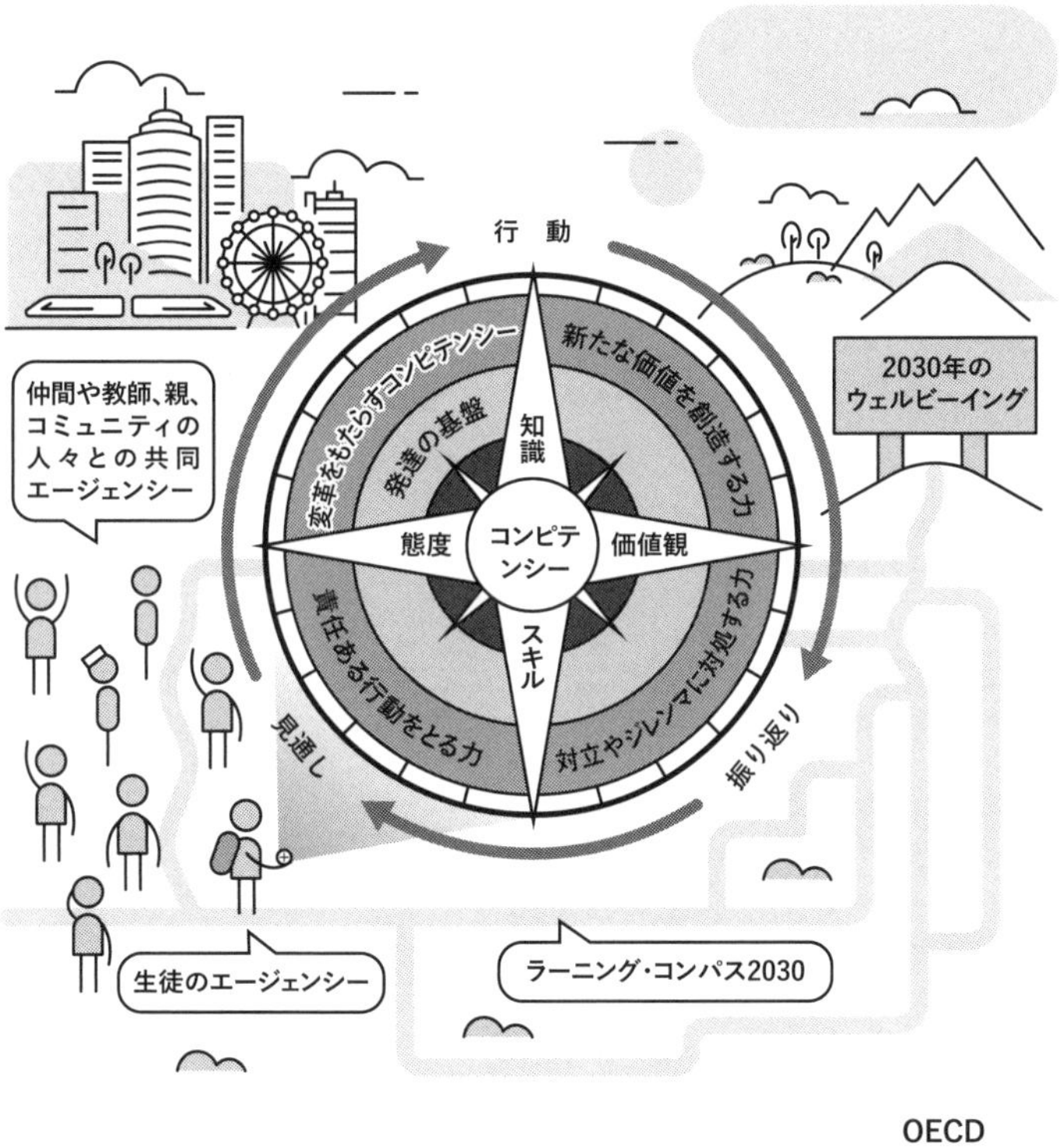

図2　ラーニング・コンパス（OECD、2019）白井（2020、74頁）訳

ていく。ラーニング・コンパスにおける知識のことが本書におけるエピステーメーであり、広義のフロネーシスがＡＡＲサイクルに該当する。そして教師のフロネーシスを推進するエンジンがエージェンシーであり、フロネーシスの先に存在するのがウェルビーイングである。

教師のウェルビーイングは、子どもがウェルビーイングを達成できた状況と言えるだろう。子どものウェルビーイングについて、ＯＥＣＤは健康状態、主観的幸福などの生活の質、所得と財産、住居などの物質的条件が社会のウェルビーイングと往還する状況を想定している（白井、２０２０）。本書が目指す教師のウェルビーイングとは、そのような子どものウェルビーイングを実現するために教師がエピステーメーを獲得し、授業の在り方や組織の在り方を考える（フロネーシス）ことを、自身のエージェンシーに基づいて展開している状況である。

教師のウェルビーイングは多様な状態が想定できる。子ども全員がテストで百点を取れる状態を想定してほしい。「それはあなたが授業で目指す姿ですか」と尋ねると、結構な人数の教師が考え出す。子どもがテストで正答を書いていても、教師が目指す

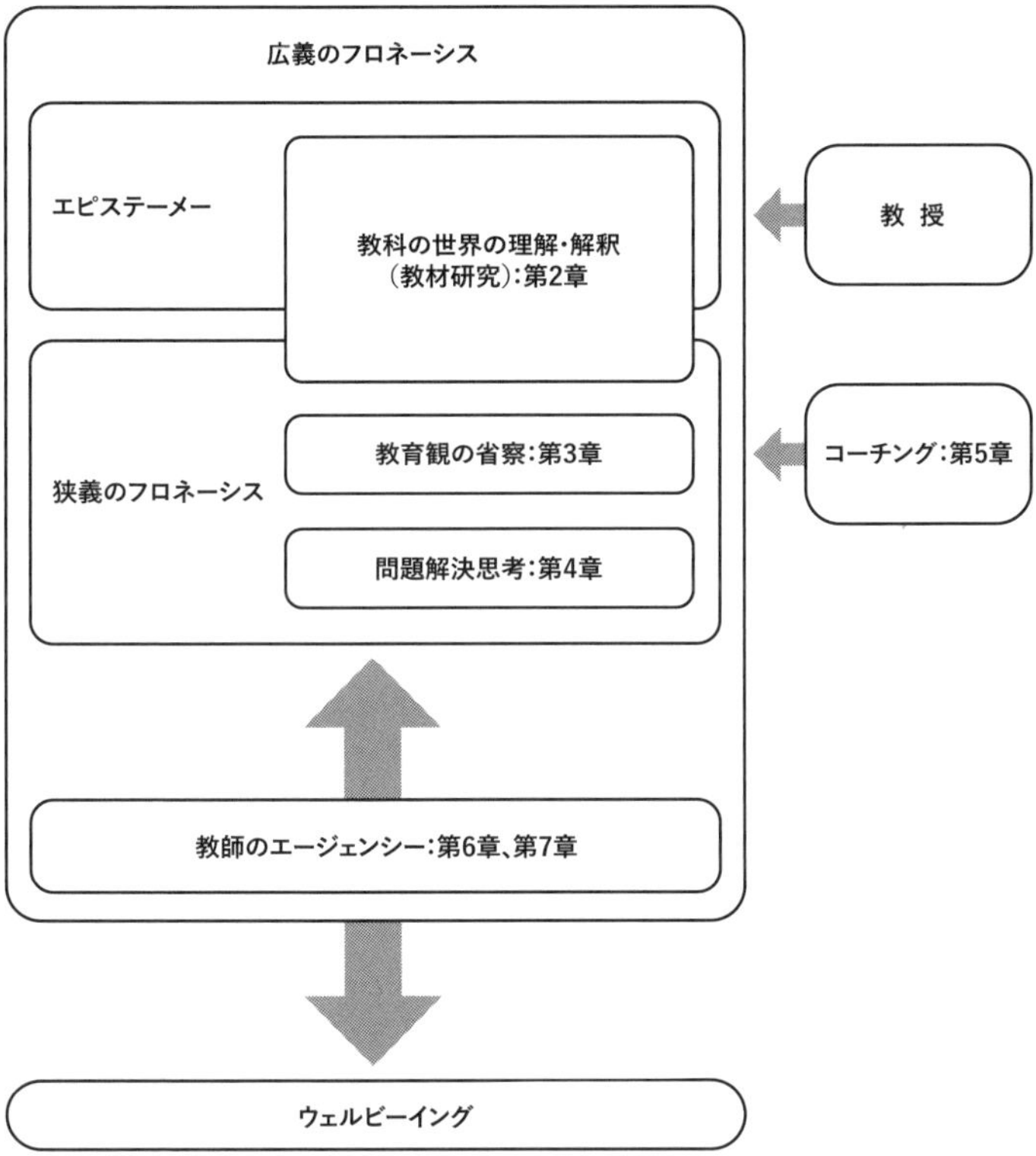

図3　本書の構想：各章の関係

見方・考え方を獲得できていなかったら、授業の目標を達成できたとは言いがたい。教科の理解を完璧にこなしていても、友人と協調しながら学校行事に参加できない子どもをどう考えるか。自分は電車の中で老人に席を譲り、席を譲らない友人に怒りの感情を抱く子どもをどうとらえるか。ウェルビーイングについて考察することもフロネーシスとなる。

本書の構想

本書の構想は**図3**のように示される。教師が学ぶべきことは学び（エピステーメー）、考えるべきことは考える（フロネーシス）。どこで学ぶべきでどこで考えるべきか。それは教師のエージェンシーに基づいて考えるべきことであり、そのことを広義のフロネーシスと定義した。本書のテーマを「先生たちのフロネーシス」としたのは、そのような考え方に基づいている。

TEACHER'S PHRONESIS

第 2 章

教材研究における エピステーメーと フロネーシス

教師に求められる思考の一丁目一番地としての教材研究

教師の学びの場としておそらく最も多いのが、学校で開催される授業研究会と地域で開催される教科に関する研究会である。そのような場で教師は教材研究に取り組み、子どもの学びと結びつけながら単元化していく。その作業には膨大なエネルギーと時間が必要なのだが、その必要性と有効性を指摘する教師は多い。

教材研究に取り組む教師は指導者との交流も重視している。研究校の授業研究会のほとんどが、教科の専門家を招聘している。指導者は大学の研究者を含めて何らかの教科の専門性をもち、それを背景に学校を指導している。特定の教科を追究し、その研究会に通い続け、地域の教科専門家としての地位を獲得している教師は多い。若手の新規参加者は彼らの指導の下に教材研究に取り組む。

指導者の指導は時に厳しく、新規参加者の人格まで否定するような言葉が投げかけられることもある。その厳しさは指導者のパーソナリティに因るところが大きく、若手が納得するような、自ら気づきに至るような助言を投げかける指導者もいるが、トップダウン的な指導者も多い。かつての国立大学附属学校における教材研究のほとんどがパワハラめいた厳しいものであった。そのために附属勤務を嫌う若手教師が増えてきて、附属の研究体制は変容を余儀なくされている。批判の多い手法であるが、この手法でこそ鍛えられると信じている教師は多い。

授業研究に言及している実践家や研究者の多くが教材研究の重要性を語っている。教育方法学の泰斗である吉本均、教師の成長について研究した吉崎静夫はいずれも教材研究の重要性を認めている。教科教育法の研究者や特定の教科を専門とする教師たちが教材研究を直接の研究対象としているのは当然のことである。

教材研究は英語圏にない概念であり、授業研究に関する海外の論文は教材研究について Kyozai-Kenkyu とそのままローマ字表記している。授業研究のプロセスを解説したワタナベら（２００８）は、教材研究は効果的な授業研究を行うための重要なステップと紹介し、エリオット（２０１７）は、教材研究において教師はカリキュラムを注意深く研究し、なぜそのようにデザインされているのか、どのように生徒の学習に影響を与えることを意図しているのかを理解すると解釈している。

教材研究には教科の真正な理解（エピステーメー）とそれを授業の文脈に即して構想するフロネーシスの両方が含まれる。教科の世界を真正に理解するためには、それを理解している先導者の存在を認めざるを得ない。「先生」なることばは、教師が児童・生徒よりもエピステーメーの世界をより正統に、より深く理解していることを示している。教科の正統なる理解の後に、授業の文脈に即した構想が必要となってくる。そこで教師は主体的に構想することが求められる。

吉本均による教材研究

吉本均（１９８３）は、授業を成立させるのは次の三つの構想力であると示した。

①教材解釈
②学習集団の学びの予想

③授業の中で子どもの意見や解釈を組織し方向づけ

①と②は授業の準備段階、③は授業の最中における即興的思考である。②と③を成立させるのは①の教材解釈の深さである。

吉本は、教材解釈とは見えない「ロゴス」（吉本はロゴスの解説を行っていないが本書のエピステーメーに近いと解釈している）としての教科内容を「働きかけ（説明、発問、指示、評価活動など）を含んだ手段の体系（教材＝解釈づくり）」に媒介されることによって子どもに獲得させることを構想することであるとしている。ロゴスとしての教科内容とは次のようなものである。

たとえば、五年生社会科で、大工場と中小工場の格差で生みだされる原因を追求することが授業の目標の場合、主要な教科内容は、次の二つである。

Ａ　工場の規模、機械の性能、生産額、販売力などの点で大工場と中小工場の間には大きな格差があるが、この格差は資本金のちがいによって生みだされる。

Ｂ　大工場の生産額が多く、中小工場の生産額が少ないのは、大工場が高価な製品を作ることが多く、中小工場は下うけとなっていることが多いために、大きな利益の差が生まれてくる。

Ａの「資本金のちがい」というのは、資本装備率の格差を意味し、Ｂの「利益の差」というのは、剰余価値率の格差を意味している。したがって、Ａ・Ｂいずれも直接に手で触れたり、目で確かめたりすることのできない「見えないもの」である。これらの教科内容をこれまでの教科内容研究の成果ならびに諸科学の研究成果に依拠しながら確定していくのである。

吉本にとって教材研究とは、以上のような教科内容を明確化し、それを「見える」教材・教具づくりにつなげていくことである。たとえば大工場と中小工場のスライド写真、工場の規模別の工場数、従業員数、生産高を示すグラフといった教材を示すことにより、「見えない」教科内容が「見える」ようになっていく。

エピステーメーとしての教科理解の上にフロネーシスとしての構想力を働かせていくと解釈することができる。

吉崎静夫による教材研究

吉崎静夫（１９９７）は、教師に必要な力はアクターとしての力とデザイナーとしての力だと分析している。デザイナーの力は教材解釈を含めた授業設計の力である。授業設計は一時間ごとの短期的な設計、単元や年間を通した長期的な設計が求められ、ベテラン教師になるほど長期的な設計力が強くなる。アクターとしての力は授業の中で即興的に子どもの反応や考えに応じて授業展開をコントロールする力である。ベテラン教師になるほど、当初の予定通りに授業を進行しようとは思わない。子どもの反応に柔軟に対応しながら授業を即興的に修正しながら進行している。

吉崎によると、たとえば中学校3年の社会科で日本国憲法を学ばせようと考えた際、教材解釈として日本国憲法の内容理解が最初に来る。次に授業デザインとして一斉講義形式でなく個別学習形式とすること、３パターンの基礎的学習と発展学習の内容を定めること、それぞれの選択学習においてどのような個人差に対応しようとするか、どのような資料を用意するか、などの意思決定を教師は行っている。吉崎の授業デザインのイメージには吉本の教科内容の明確化と見える教材化の過程が含まれている。

吉崎は、教師は授業の目的→単元計画→授業計画という指導案のフォームに従った授業デザインの思考を取らない場合が多いと考えている。「目標を明らかにすること」から授業設計を始める教師もいるし、「子どもの実態の把握」から授業設計に着手する教師もいる。「教材（あるいはメディア）」から出発している教師、「授業の流れ（あるいは子どもの学習活動）」から考える教師もいる。どこから取り組み出すかは、教師の意思決定に委ねられているというのが吉崎の考えである。

吉崎の構想も、エピステーメーとしての教材研究の上にフロネーシスとしての授業デザインが位置づいていると解釈できる。

澤本和子による教材研究

澤本和子は、教材研究に取り組む教師の姿を実践家および研究者の観点から示している。澤本は自身の授業研究の取組を「授業リフレクション」と称している。授業リフレクションとは、「自己リフレクション」と自己リフレクションの成果を他者と協議する「対話リフレクション」、そして「集団リフレクション」により構成される。

自己リフレクションでは、自分の授業を第三者にもわかるように的確に記述し、自分の授業実践の意義や問題点を明らかにする。対話リフレクションはメンターとの対話を通じて自己リフレクションを深く掘り下げるものである。集団リフレクションにおいて授業者は参会者との交流を通じて自己リフレクションの不十分なところに気づき、参会者は授業の文脈を授業者と近いところで理解するようにする（澤本、２０２４）。

澤本は自身の研究を「授業リフレクション」と表現しているが、実際の取組はかなりの部分が教材研究で占められている。澤本（１９９６）は１９８８年よりお茶の水国語教育研究会に参加する教師たちと子どもの思考を省察する授業リフレクション研究に取り組んだ。一連の過程の最初が教材研究であった。

私たちは最初、小・中学校用教科書の課題提示型全教材、および数種類の高等学校用課題提示型説明文教材と評論文教材を読み合った。小中学校教師が高校での実態に驚いたり、またその逆もあった。そして、互いに現状の問題について意見を交換した。小学校1年生の教材に始まり、高等学校3年生に至るまでの説明文と評論文の指導のあり方について検討した。結論は一本化しなかったが、小学校から高等学校までを鳥瞰するとき、説明文、評論文の学習指導の目的、方法については、一貫性を見いだしにくく未整理であることがわかった。

澤本（2005）は、千葉県の公立小学校の校内研究に2年間関わった成果を学校の教師たちと共同執筆している。その書において澤本は、「授業リフレクション」の一環としての教材研究を次のように紹介している。

「すみれとあり」の教材研究は、学年で共同で進める場面をリフレクションの中に設けたことで、各担任の教材に対する理解に深まりが出た。「どの言葉に注目させたら読みが正確になるか。」「どの挿絵に注目させれば読みが正確になるか。」「筆者の書きぶりは読みをどの方向に向けているのか。」「どのような動作をすれば読みが正確になるか。」「どのような活動をさせればより読みが正確になるのか。」「どのような補助資料が有効か。」等々、次の授業展開を自分が指導する立場に立って研究が進められた。

この記述における「読みが正確になる」という視点がエピステーメーとしての教科理解の一つの例である。国語の物語文の場合は多様な読みが可能であるが、場面展開、心情の変化等で妥当な読みは存在する。ましてや説明文であれば、教材文が何を説明しているかは、おのずと「正確」な読みが明確になる。「どの言葉に注目させたら」「どの挿絵に注目させれば」という視点は技術的観点で多様な戦略が考えられようが、読みの正確さは共通している。

宮沢賢治の作品に関する教材分析では、次のような記述がある。

宮沢賢治の作品には、人物や風景などを目に見えるように描く表現が多い。動きや光、色彩を表現する単語、そしてそれらの単語を多く含んだ比喩表現が物語の世界をより美しく、楽しくしている。一見まわりくどく感じる描写も、読みこむほどに味が出る。時代背景、季節感、気候、時刻をも間接的な書き方で表現できる素晴らしさ。心はずみ、自然に体が動き出す効果を持つ擬声語、擬態語。そんな言葉があふれる賢治の世界に浸らせたい。

宮沢賢治に関する上記解釈もエピステーメーの世界に関するものである。澤本らの宮沢賢治解釈は絶対的なものというわけではないが、おおむね妥当であり、指導案を読んだ人は「宮沢賢治をわかっている」と解釈するはずだ。

小学校3年の算数の指導案では次のように考えている。

「(2桁)×(2桁)」のままでは計算できないので、数を分けてから計算する。しかし、偶数だと半分に分けることが可能であるため、簡単に分けられてしまうし、子ども達の発想も限られてしまう。数を奇数にすることで多くの考えが出ることをねらった。また、繰り上がりのある計算は次回の取り扱いとなるため、繰り上がりのない式にした。

小学校学習指導要領では「2位数や3位数に1位数や2位数をかける乗法の計算が、乗法九九などの基本的な計算を基にしてできることを理解すること。また、その筆算の仕方について理解すること」、学習指導要領解説では「乗数が2位数の計算は、何十をかける計算と、1位数をかける計算に基にしてできる。例えば、23×45の場合、乗数の45を40＋5とみて、23×40と23×5に分けるとよい」と書かれている。

澤本らの指導案検討は学習指導要領解説の記述をなぞるというよりも、学習指導要領解説と同様の数学的な見方・考え方を獲得しようと考えたものととらえることができる。

澤本は徹底した教材研究に続いて全体の学習記録や児童のノートを手がかりに、児童がこの単元でどのような学習をしたのかを考察する授業リフレクションに取り組む。お茶の水国語教育研究会で検討した、小学校2年の「ビーバーのす作り（教科書会社により「ビーバーの大工事」と題することもある）」の単元で、次のようなやりとりがあった。

T　こっち（ダムより下流）にかいている人もいる。

C2　こっち（ダムより上流）だよ、絶対。

C3　だってこっち（ダムより下流）にきたらまた巣が流れちゃうもん。

T　じゃあ、これから先を読むから、みんなが考えなきゃいけないのは、……

C4　巣が流れてくる。

T　（考えなきゃいけないのは）巣の作り方のことと（中略）何のために、ダムをつくって水をせきとめるのか、こんなにためるのかということ（中略）昨日「流されないように」と言っていた人はいたのね。

C5　でも、これみずうみだよ。

T　じゃあ、今、問題になっているところを読んでみよう。

教師はダムと巣の位置関係をノートに書かせていたが、巣をダムの下流に書いている子がいたため、巣はどっちに作るのかと発問した後の流れである。教師は叙述に従って正しい解釈に導けると思っているのだが、子どもはビーバーが水の中を泳ぎながら巣作りをしているイメージにこだわっている。

澤本は「教材文が5段落まではビーバーと共に木を切り、水の中を泳ぐように視点を置いて書かれているのに対し、6・8段落では視点をややひいて川全体を俯瞰図のように見て書かれている。（中略）大人は自然に視点を切り替えて読めるのだが、子どもにはこの切り替えがむずかしい場合があると考えられる」と解釈している（澤本、1996）。

澤本の「授業リフレクション」は、教材研究と子どもの思考の両方に向かっている。直接的には教師の意図通りに動けない子どもの反応を省察しているが、その要因として教材の特性があると考えている。教材分析だけでは到達できない子どもの思考理解の実例がここに示されている。

盛山隆雄のエピステーメーとフロネーシス

筑波大学附属小学校教諭である盛山隆雄（2018）は、数学的な見方・考え方について学習指導要領解説が「事象を数量や図形及びそれらの関係などに着目して捉え、根拠を基に筋道を立てて考え、統合的・発展的に考えること」と記述していることをとらえ、数学的な見方を「問題を解くときの着眼点」、数学的な考え方を「論理をまとめたり、高めたりするための視点」だと解釈している。

学習指導要領解説の記述を独自に解釈する手法は、多くの教科教育法研究者の記述や研究校の研究紀要で見られるものである。学習指導要領解説から独自のフロネーシスを展開して授業デザインにつなげる思考様式が、多くの教師の実践研究で見られる。

盛山は小学校6年生が円の面積に取り組む場面を示し、子どもの「まわりが曲線で囲まれている形の面積を求めたことがないから」「今までは、図形を三角形に分けて考えることができたけれど、円ではそれができなさそうだ」という反応を受けて「どうしてそう考えたの?」と発問する。

すると、子どもたちから「5年生のときに色々な形の面積の求め方を考えたとき、三角形に分ければ、いつでも面積が求められたから」「円の面積の求め方を考えるんだから、円周の学習が使えそうだ」「面積の求め方を考えるんだから、面積の学習が使えそうだ」などの意見が出てきた。

盛山は以上の授業展開に関する具体的な場面を示しながら、「目の前の問題を解くための直接的な知識を共有するのではない」こと、「感覚的なものを言語化」させることで「数学的な見方・考え方が豊かになっていく」ことなど、授業づくりにおける技術的な心構えを説いている。

盛山の授業づくり論は、面積の求め方＝エピステーメー、円の面積の求め方を考える授業デザイン＝フロネーシスの順で記述されていることがわかる。

教材研究の問題点

以上に見た教材研究に言及する研究者、実践家いずれにおいてもエピステーメーとしての教科理解とフロネーシスとしての授業デザインの視点が含まれていることが理解されるはずである。

教材研究に取り組む教師は教科の意義を「正しく」理解し、子どもに即した授業デザインを「適切に」構想する必要がある。教材研究に関するコミュニケーションの阻害状況の多くが、「正しく」理解すべきことがらを授業者の主体性に委ねた結果、不正確に理解したまま授業デザインすることによる問題、教師が「適切に」構想すべき授業デザインを同僚教師や助言者が授業者の意図を汲むことなく、授業者に自らの考えを権威的に押しつけることによる問題に位置づけられる。

基本的に教師の主体性は尊重されるべきなのだが、教師が主体的に「社会科は暗記教科だ」と考えている場合は、その教師の考えをコーチングなどで徐々に変えるよりも、教科の意義を理解している他者が「その認識は間違いだ」と指摘したほうが早い。ただし、助言者の「授業者の誤りを正す」という姿勢は得てして、授業者に適切に考えさせないといけない場面でも同じように働きかけ、授業者に考えさせることなく助言者の指導通りに授業計画を修正させる結果を生むことになる。

佐藤学（1992、1996）は、伝統的授業研究では「技術的実践を志向する授業の科学」すなわち、どの教室にも通用する一般的な技術的原理を追求する研究が目指され、子どもの実態に応じた授業づくりや教師の即興的思考を阻害するものであると批判した。

石井英真（2019）は、佐藤論を「教えることから学ぶことへという二項対立図式と『学び』の一面的強調によって、『教えること』を対象化する理論的関心や教えるという営みの主体性や規範性への問いはタブー視され、空洞化することになった」と批判している。

佐藤論に対する石井論の意義は、エピステーメーとしての教科理解とフロネーシスとしての授業デザインの性質の違いの視点を入れると、より明確になる。佐藤論はフロネーシスで取り組むべき授業デザインをエピステーメー的にとらえる授業研究の問題点を指摘し、石井論はそこで佐藤論が向かった先が子どもの学びに関するフロネーシスに偏っており、エピステーメーとしての教科理解の意義を説いたものと解釈できる。

教材研究においてエピステーメーの果たす役割は大きい。だが、エピステーメーの獲得はさまざまな弊害をもたらす。

第一の問題点は技術思考（法則化など）と結びつきやすいことである。この問題はエピステーメーの性格から必然的に生じる。教材研究において学習指導要領解釈が絡むと、その解釈の妥当性を先輩教師や指導主事に尋ねたくなる教師はいるだろうし、学習指導要領を作成した教科調査官は日常的にその問い合わせに応じ続けている。エピステーメーはその意味理解を他者に委ねざるを得ない側面がある故に、教えてもらったことがらを自分のものにできていない場合は、ことばとしての説明をそのままに複写する（学習指導要領や学習指導要領解説の文言をそのまま指導案に転記するなど）、その内容を単にことばで子どもに伝達する、すなわち技術思考で授業デザインや授業実践に取り組む教師が生じやすいこととなる。

第二の問題点はエピステーメーを理解する上位者からの権力的な指導が行われやすいことである。上位者とは指導主事であったり、外部講師であったり、校内の先輩であったりする。授業者が教科の本質を理解できていない場合は、コーチング的な指導よりもそのままズバリ教えたほうが早い場面もある。しかし、教科の意義を子どもに獲得させる授業過程まで上位者が自分の考えを押しつけると、授業者が自ら考える余地がなくなってくる。講義形式の授業で教師が知識伝達のみを意図し、それを受け止めることのできない子どもが学習から阻害されるのと同じように、エピステーメーをより理解している上位者が自身の知識を教師たちに伝えようとして教師たちの学びが阻害されることがある。

ある国立大学附属学校では、深夜に及ぶ指導案検討が日常的に行われていた。そのようなハードな勤務が働き方改革の流れのなかで継続困難となり、限られた時間で焦点を絞って協議する、権力的な指導を行わないなどの方針転換を行っている。すると、その附属学校が伝統的に担ってきた教科の地域リーダー育成が不十分になるという、逆の問題が生じつつある。学校現場では徒弟的指導からコーチング的指導は避けられない流れだが、伝統的な徒弟的指導のよさを無視していいわけではない。

石井英真の教材研究と共同注視

エピステーメーの世界を扱う教材研究は、指導者の姿勢次第で授業者を技術思考に陥らせてしまう。そのような隘路に陥らないために、指導者と授業者の関係はどうあったらいいのか。

技術思考を避ける一つの考え方として、石井英真（２０２４）による共同注視概念が有効と考えられる。石井は授業における教師と学習者の関係を①、②の関係で示した（**図４**）。

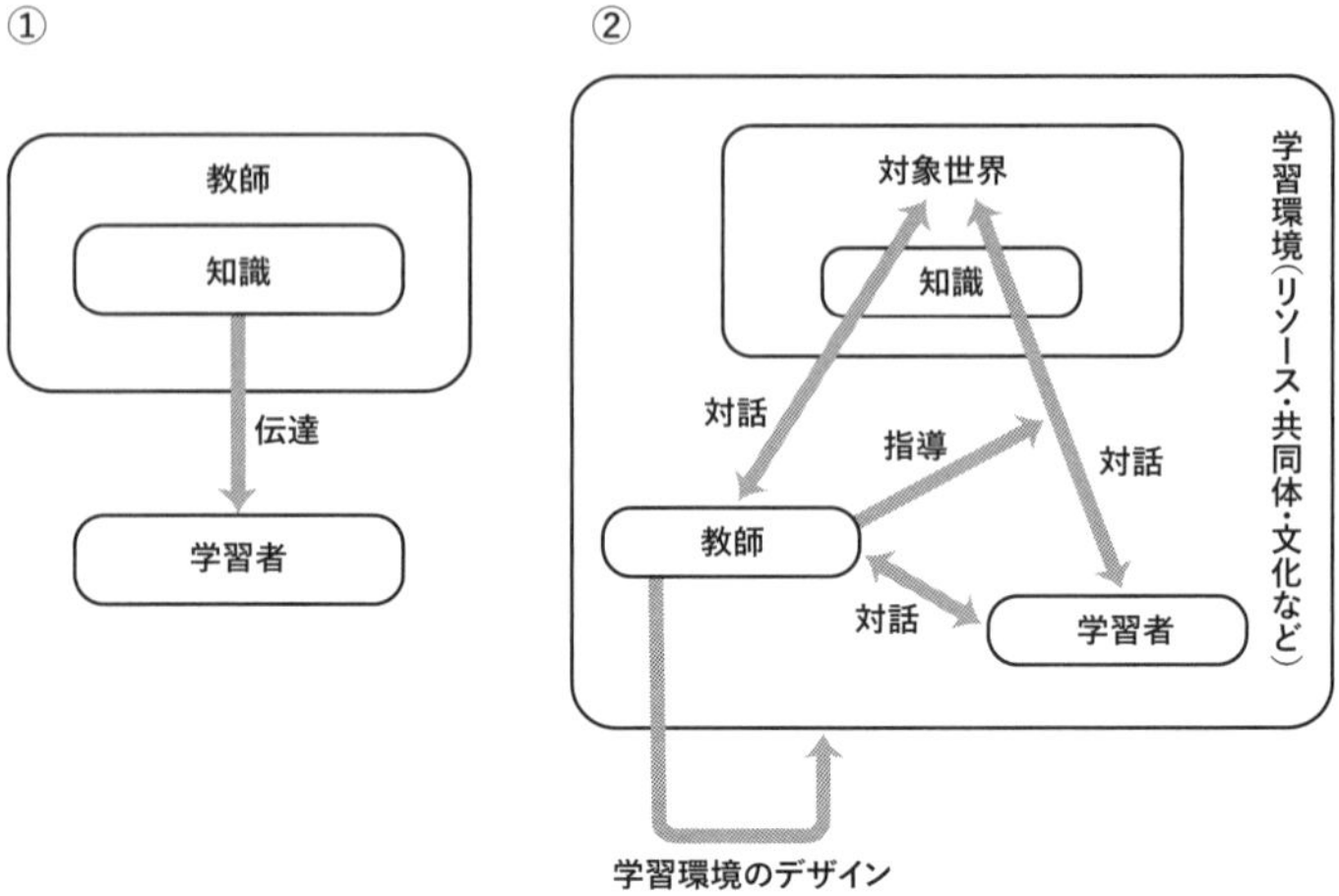

図4 学習者、教材、教師の関係構造(石井、2024)

①の関係がいわゆる「教え込み」の「伝達モデル」である。このモデルでは、教師がもっている知識を子どもに伝達すればよい、と考えられている。

②は石井が「共同注視モデル」と称している。授業の目的は教師が知っている知識を子どもに伝達することではなく、子どもが対象世界を獲得することであると考える。教師は知識を含む教科の対象世界を学習者よりはよく知っているが、それをそのまま伝えることはできない(教師が子どもに伝えるという行為は可能だが、それで子どもが知識を獲得できるわけではない)。教師は子どもより対象世界のことをよ

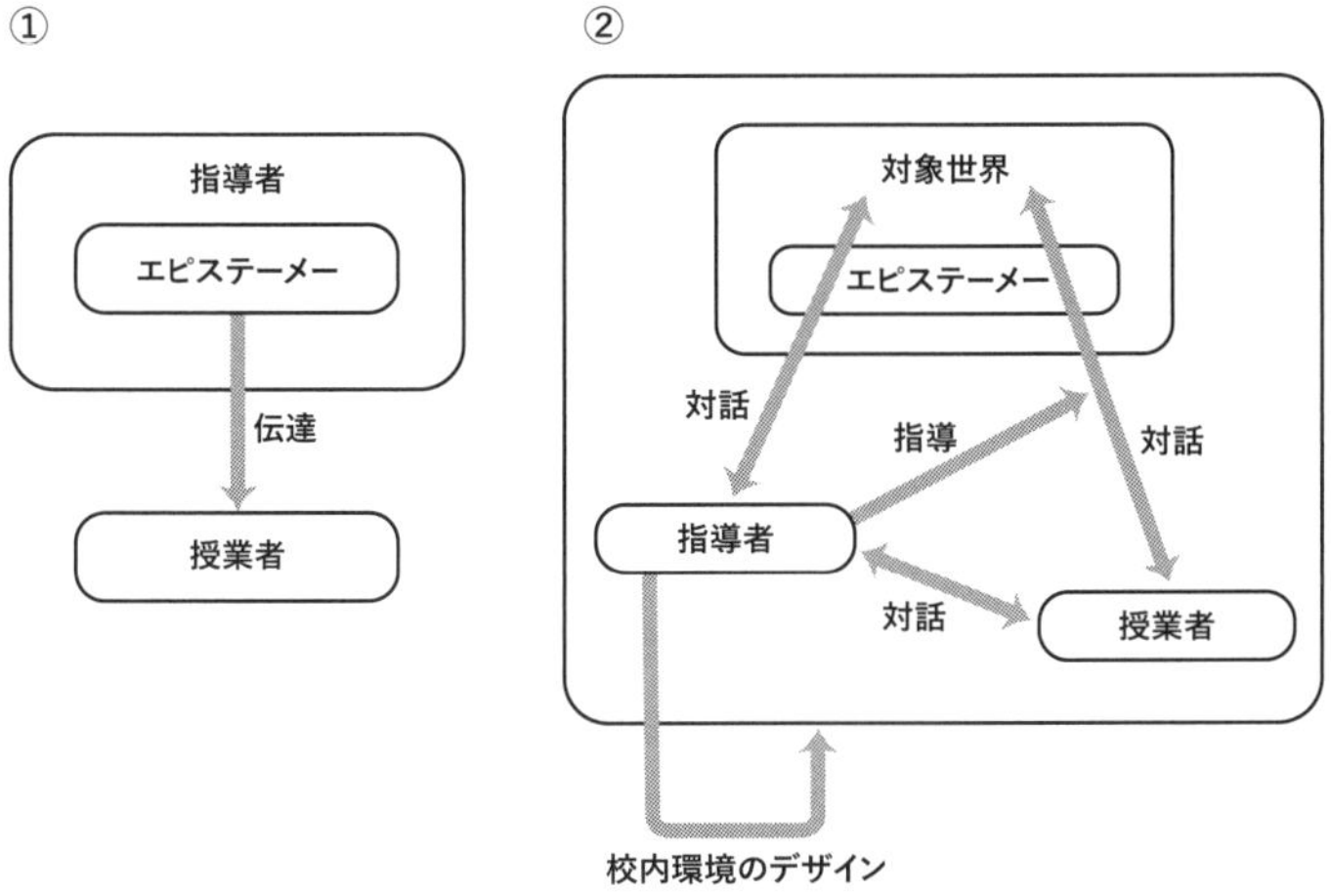

図5　授業者、エピステーメーとしての教科、指導者の関係構造

く理解しているため、子どもが対象世界を獲得するための支援をすることはできる。それが②の「指導」あるいは「対話」の矢印となる。

石井の伝達モデル vs 共同注視モデルを教材研究における指導者と授業者の関係にあてはめると（教師を授業研究の指導者、学習者を授業者に置き換える）、教材研究における問題状況をよく説明できる（**図5**）。前節の技術思考に陥らせてしまう指導者は①の伝達モデルであり、指導者が授業者と一緒に教材研究に取り組む②の「共同注視モデル」になった場合に、授業者は技術思考に陥ることなく、エピステーメーとしての教科の世界を獲得することが可能となってくる。

本章ではエピステーメーが多くを占める教材研究の在り方について考察した。次の章ではフロネーシスとしての省察、その本丸である教育観の省察について考察していく。

TEACHER'S PHRONESIS

第 3 章

教育観の省察

指導法ではなく教育観

フローシスとしての省察において最も重要なのが教育観であろう。教師は教材研究を通じて授業の目的を自らの体内に入れる。それを子どもに獲得させるための戦略を授業デザインとして考察していくのだが、これも技術思考に陥りやすい。技術思考に陥りやすい教師に技術思考そのものを指摘するのでなく、「あなたの教育観は何か」と尋ねると、徐々に自己の教育観を意識し、フローシス的思考に取り組みやすくなる。

ある校長から相談を受けて、その学校を見に行ったことがある。確かに校長が訴えるように教え込みの授業ばかりで、しかし従順な子どもばかりのその学校では教え込みの授業が成立していた。校長は子ども主体の授業への転換を訴えているのだが、教師たちはなかなか言うことを聞いてくれないそうだ。

そこで、校内研修に招聘していただくこととし、各自の教育観を交流するワークショップを実施した。すると、「一人ひとりの子どもの主体的学びを促進したいと思いながら、結果として教え込みの授業を行っている」と振り返る教師が続出した。校長が説いていることを教師は理解しているのだが、実践が伴っていない、すなわち、子ども主体の授業をやりたいと思いながらやれない教師が多いことが明らかになった。

この問題は、子ども主体の授業の方法を伝授すれば済む話ではない。子ども主体の学びの具体的姿がわかっていないことが主たる原因である。授業を教師が提供する知識を獲得するだけのイメージでとらえていると、アクティブ・ラーニング等の手法を取り入れても、単語を埋めるだけのワークシートを作成してしまう。

教師の教育観は氷山の水面下の状況のごとく見えにくく、しかし見えている水面上の氷山の本質を支えている。

省察とは

省察と称するときに多くの人がデューイやショーンの省察をイメージする。ショーン（１９８３）は、行為の中の省察（リフレクション・イン・アクション）と行為についての省察（リフレクション・オン・アクション）を区別した。実践家は主に行為の最中に無意識の省察（リフレクション・イン・アクション）を行っている。それが省察的実践家である故なのだが、ショーンが示したリフレクションを自覚的に行おうとした場合は行為の後に行為についての省察（リフレクション・オン・アクション）になることが多い。

ショーンはアージリスとの共著（１９９６）でダブルループ思考を提起している。日常的な試行錯誤がシングルループ思考であり、その背後にある価値観や思考様式を見直す思考がダブルループ思考である。

ショーンの省察の考え方を教師の文脈に即して深めたのがコルトハーヘンである。コルトハーヘン（２００１）はさまざまな教師コーチングの手法を開発しているが、共通する考えは教師の教育観を深掘りさせることである。「本質的な諸相は何か」「何をしたかったのか」などの問いで教師の教育観を深掘りさせている。コルトハーヘンの省察はショーンとアージリスのダブルループ思考に近い。

コルトハーヘンの考え方は第5章で詳しく説明する。ここでは教師が省察する対象として重要な教育観について考えていく。

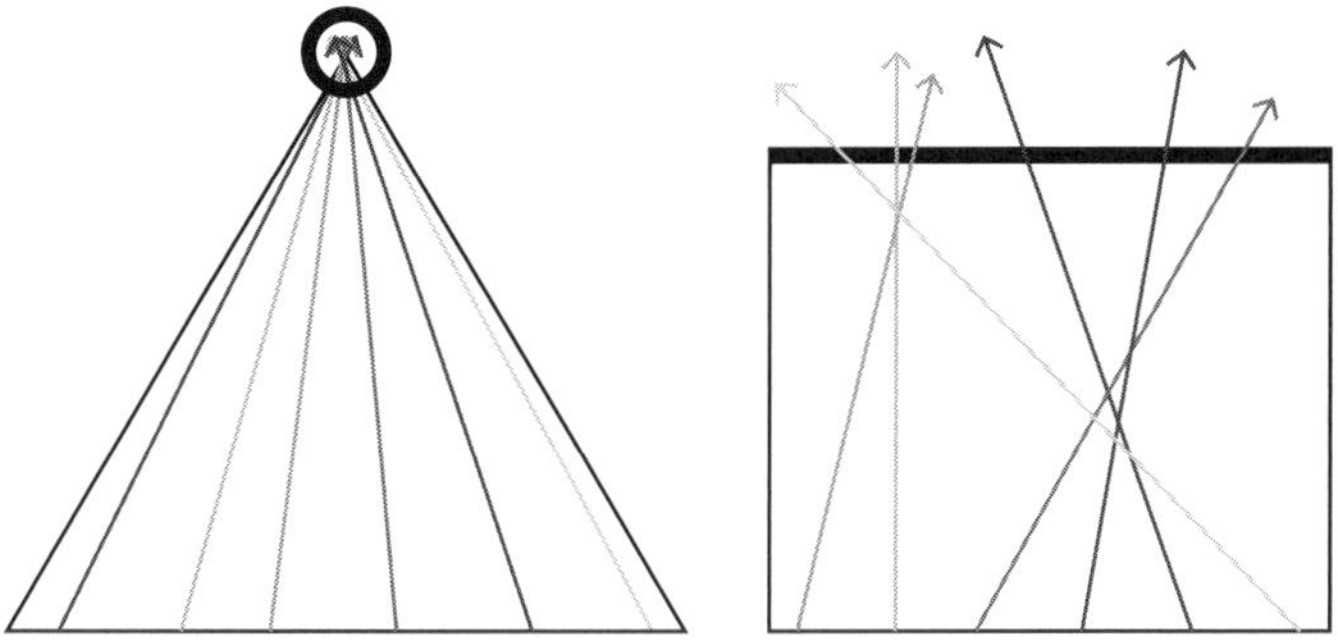

図6　授業の三角形モデルと四角形モデル（河田祥司作成）

三角形の授業と四角形の授業

この二つの授業モデル（**図6**）は、香川県の小学校教師である河田祥司が作成したもので、石井英真との共著（２０２２）で紹介されている。授業の目的が単一である場合と、授業の目的を幅のあるかたちで設定し、多様な学びが可能となる場合の相違を考えさせている。「あなたの授業は三角形ですか、四角形ですか」と尋ねると、多くの教師が三角形よりは四角形を目指している、でも実際には三角形になっ

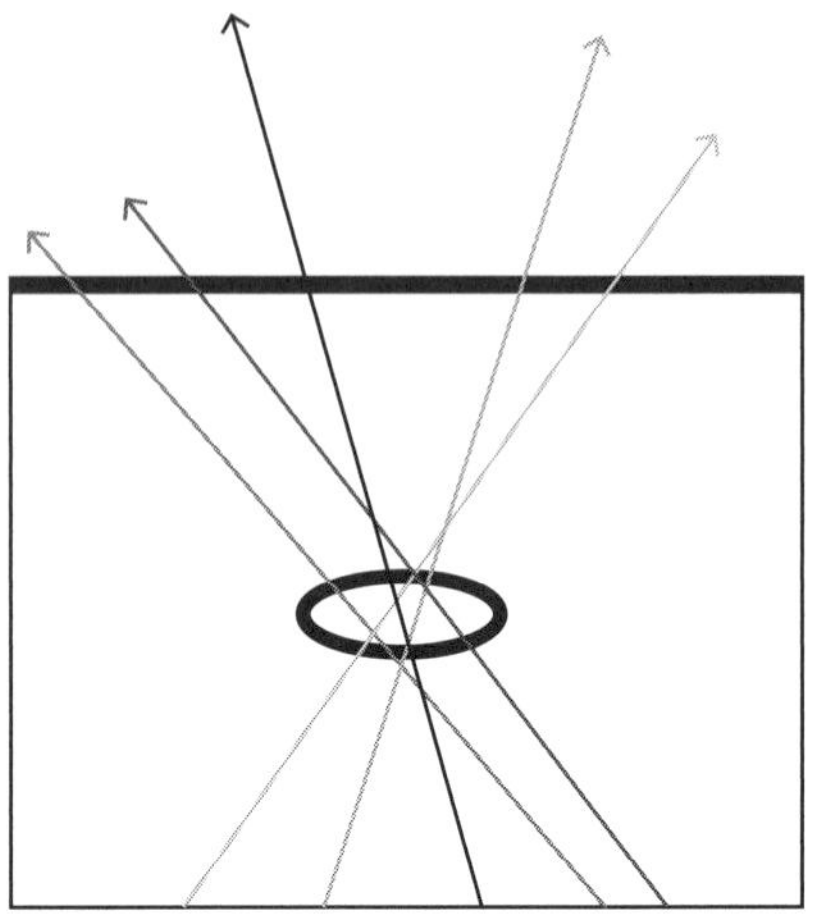

図7 授業の四角形モデル その2

ているかな？　などと反応する。

四角形にネガティブに反応する人もいる。教師の指導がないとの考えだ。目標を幅のある線でとらえることができない場合もある。そのような人には、次の**図7**を示すとポジティブに反応してくる。授業の前半で教師がある程度子どもを引き上げ、その後に子どもがそれぞれの学びを展開するというイメージである。

図6では三角形の頂点の丸がピンポイントで描かれているのに対し、**図7**の丸は楕円となっている。子どもの学

びの目標がある程度の幅をもって示されているというイメージだ。教師に三角形と二つの四角形を示して自分の授業に近いイメージを選ばせると、**図7**の四角形を選択する教師が多くなる。

三角形の頂点の丸で授業目標を表現している**図6**からは、知識や技能を獲得させることを目的として教師が教え込みの授業を行う姿が浮かびやすい。だから、小数の足し算をワークシートでドリル学習させる授業は、その目的とするものが「小数の足し算ができること」であり、三角形の授業と解される。

では、小数の足し算は0.1がいくつ分あるかを考えて計算することを理解させる授業はどうか。ワークショップで考えていただくと、実はこれも三角形の授業だと解する人が多くなる。小数の概念をリットルますや数直線で理解する方途は複数考えられるだろう。1リットルますの1／10ごとに目盛りを引き、一つの目盛りをどう表現したらいいか？　と考えさせたら四角形の授業になるだろう。

だが、「小数の足し算は0.1がいくつ分あるかを考えて計算する」と、指導案通り（教科書通り）のまとめを子どもに言わせようとする授業であれば、四角形ではなく三角形となる。

上記のように三角形と四角形の見方をとらえると、総合学習、図工、国語においてはほとんどの授業が四角形となることがイメージできるはずだ。むしろ逆を考えてみるといい。

総合学習において子どもたちが老人ホームで紙芝居をするとする。多くの場合は、総合で何に取り組む?↓老人ホームのおじいさん・おばあさんを元気にしたい↓どうやって?↓紙芝居を作ってみよう、という議論の流れになるはずだ。

根本に老人ホームのおじいさんやおばあさんを元気にするということがあるから、取り組むのは紙芝居である必要はなく、劇でもダンスでもゲームでもいい。ところが、学校で伝統的に「老人ホームに行って紙芝居を披露する」カリキュラムが定着している場合がある。その場合は授業の目的が「紙芝居づくり」となり、教師は○月○日に老人ホームに行く約束を取り付け、その日に向けて子どもたちに紙芝居を作ることを求める。作成が遅くなると教師の口調がきつくなり、子どもたちをせかすようになる。総合学習が三角形の授業になるパターンである。

図工で同じ対象物を同じように筆写することを求めたら、三角形になる。通常は子どもに何を描きたいかを考えさせるので、子どもの作品は多様になる（四角形になる）が、描く内容を教師が指定し、範例通りの絵を描かせようとすれば、三角形になる。最近は抽象画の手法をいくつか子どもに教えて、自分が書きたいテーマの抽象画を自由に描かせる授業をよく見る。手法をいくつか教える段階が四角形の真ん中の楕円であり、その後子どもたちが思い思いに自分のテーマを抽象画に描く段階が四角形の上方になるだろう。

音楽で譜面通りに笛を吹くことを求めたら、三角形になる。笛を自由に吹いて自分の気持ちを表現させようとしたら、四角形になる。音楽でも基本的な手法（リズム、和音の出し方）を教えて作曲させたり、自由に演奏させたりする授業がある。基本的な手法を教える段階が四角形の真ん中の楕円になる。

国語で、教科書の文章を教師がいきなり解説している場合、三角形になる。私がそのような授業に出合った際、教師にその点を注意したところ、「読めない子どもが多いから解説が必要だ」との回答が返ってきたことがある。おそらく試験で「傍線部分の文章の意味は何か」などの問題に答えることができるように、「正解」を教える必要があると考えているのだろう。

ある高校で芥川龍之介の『羅生門』を教材として「下人の似顔絵を描こう」と課題を与えたところ、授業開始時に机に寝そべっていた生徒が皆起き出して、教科書を読みながら似顔絵を描き出した。描いた似顔絵について「この絵はどの場面の下人？」と尋ねたならば、生徒はふたたび『羅生門』の世界に入っていくことになるだろう。「やまなし」の5月、12月の場面に続く3月の場面を創作させる課題を与えたら、子どもは宮沢賢治の幻灯の世界に深く入り込むだろう。「クラムボン」のようなことばを生み出すことができたら最高だ。

社会科は、知識主体の教科ととらえられがちだ。中学校学習指導要領では、社会科の目標を「社会的な見方・考え方を働かせ、課題を追究したり解決したりする活動を通して、広い視野に立ち、グローバル化する国際社会に主体的に生きる平和で民主的な国家及び社会の形成者に必要な公民としての資質・能力の基礎を次のとおり育成することを目指す」として、知識・技能については「我が国の国土と歴史、現代の政治、経済、国際関係等に関して理解するとともに、調査や諸資料から様々な情報を効果的に調べまとめる技能を身に付けるようにする」と規定している。思考力・判断力・表現力については「社会的事象の意味や意義、特色や相互の関連を多面的・多角的に考察したり、社会に見られる課題の解決に向けて選択・判断したりする力、思考・判断したことを説明したり、それらを基に議論したりする力を養う」と規定している。

個別の領域になると、たとえば明治期の議会政治の始まりについては、知識として「自由民権運動、大日本帝国憲法の制定、日清・日露戦争、条約改正などを基に、立憲制の国家が成立して議会政治が始まるとともに、我が国の国際的な地位が向上したことを理解すること」とあり、思考力・判断力・表現力については「明治政府の諸改革の目的、議会政治や外交の展開」などに着目して「近代の社会の変化の様子を多面的・多角的に考察し、表現すること」とある。

教科書（東京書籍）では民撰議院設立の建白書、自由民権運動、西南戦争、国会期成同盟、大日本帝国憲法、内閣制度などが太字で示されている。歴史の授業では、これらの事項を教師が解説し、語句として暗記させる流れがよく見る光景だ。これらの歴史的知識を理解するだけであれば、歴史の授業は三角形になるはずである。
しかし、立憲制の国家が成立して議会政治が始まった当時の社会情勢を想像させようと意図したならば、「あなたが大日本帝国憲法を起草する立場になったら、どのような規定とするか」「あなたがこの時期の新聞記者だとすれば、新聞の見出しをどう考えるか」「あなたがこの当時にタイムスリップしたら、どうSNSに投稿するか」などの課題で、子どもは自由に当時の社会情勢を想像するようになるだろう。

算数・数学も「四角形」の学びが可能だ。盛山隆雄（2017）は小学5年生用に「面積が12㎠のL字型の図形があります。この図形を□個の合同な形に分けましょう」という課題を考えている（**図8**）。この課題は「数量や図形などについての基礎的・基本的な概念や性質などの理解」（知識・技能）、「数学的な表現を用いて事象を簡潔・明瞭・的確に表したり、目的に応じて柔軟に表したりする力」（思考力・判断力・表現力等）の育成を目指してつくられたものである。

子どもは□に入る数字に、2、3、4、6、8、12等が含まれることを見つけだすが、

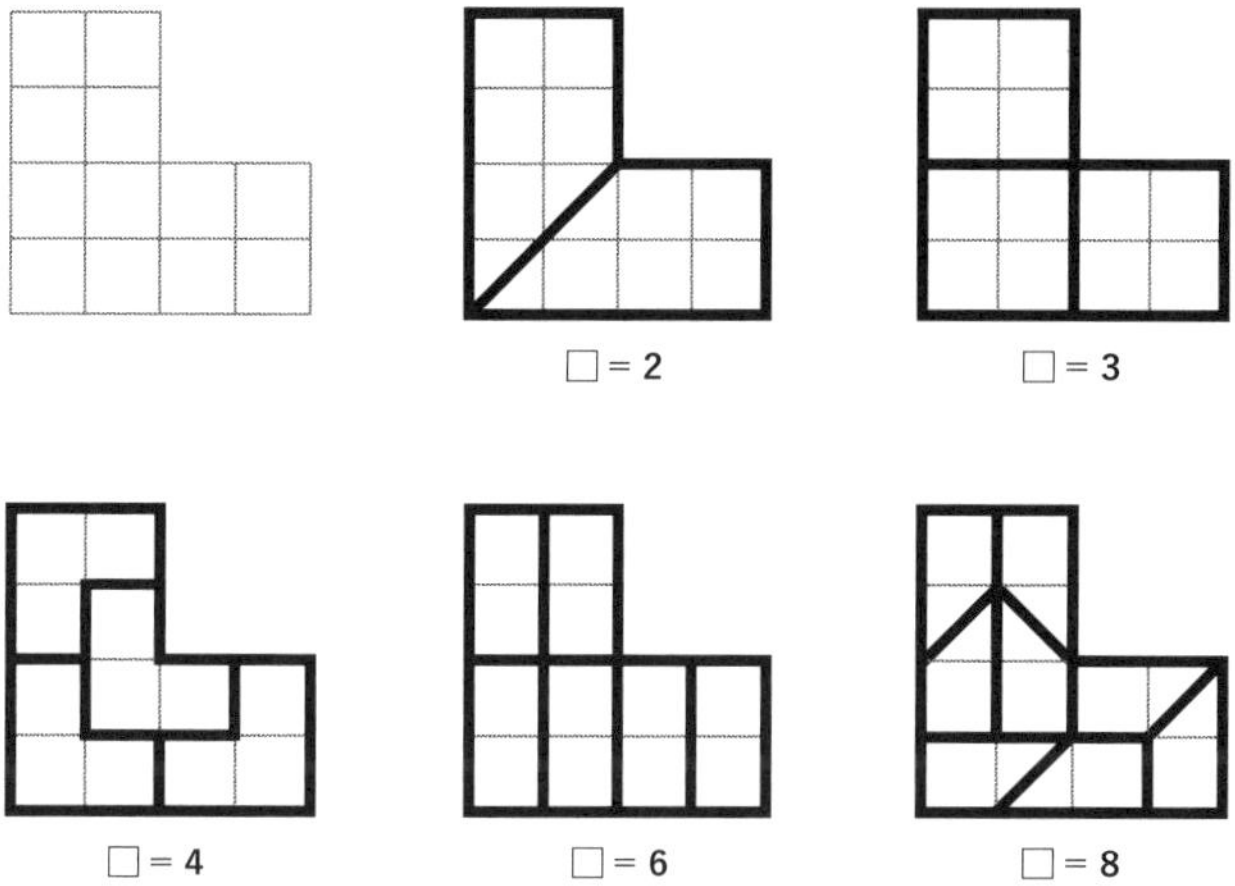

図8　L字型の図形の分け方

そこから教師が「どうして5、7、9、10、11は入らないのか」と発問すると、さらに考える必要が出てくる。この学習課題も多様な思考を求める四角形の学習課題と言えよう。

福岡教育大学附属小学校の渡邉駿嗣教諭は、2024年2月の公開授業で**図9**のようなピラミッドの空欄にどのような数字が入るかという学習課題を示した。下の2と3の間の□に1を入れると、真ん中の二つの□には3と4、2と3の間の□に2を入れると、真ん中の二つの□には4と7、4と7を足すと11だから、答えは下の□から2、4、

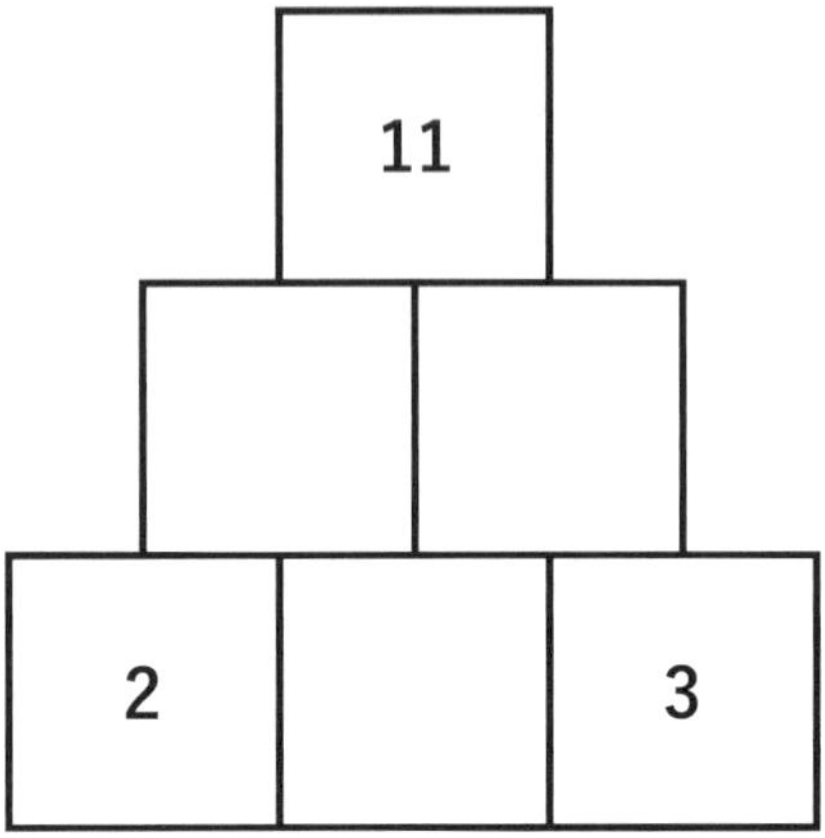

図9　数のピラミッド

7となる。この問題はこれだけであれば数を順に入れていけば正答にたどり着くが、ピラミッドの段数や□に入れる数を大きくすると困難になる。そこで$11=x+y$、$x=2+z$、$y=z+3$という式から考えるようにすると、正答にたどり着きやすくなる。

　これは方程式の問題というよりも、数と数との関係に着目し、関係する数の和や差などから数の並び方を筋道立てて思考する課題ととらえたほうがよい。このような課題に取り組むことを通じて子どもは「四角形」の学びに没頭し、より複雑な方程式の世界に向けた思考力を鍛えていくことができる。

四角形の授業となっているジャンプ課題

以上のように「四角形」の学習を促す課題を考えてくると、学びの共同体運動におけるジャンプ課題も「四角形」の学びを促す学習課題となっていることがよくわかる。学びの共同体では教科書レベルの課題を「共有の課題」、むずかしい課題を「ジャンプ課題」として、ジャンプ課題に取り組むことが真性の学びに近づくと考えている。ジャンプ課題について佐藤は当初、「高いレベルの学び」（佐藤、２０１２）と説明していたが、やがて「『ジャンプの学び』はデザインとリフレクションによる授業研究によって実現する」（佐藤、２０１５）、「ジャンプのある学びは、数学的探究を創造する〈真性の学び（authentic learning）〉を準備する」（佐藤、２０１８）と表現を変えている。

「２５００円の同じ服をA店では60％引き、B店では40％引きでタイムセールでさらに30％引き、どちらがどれだけ安いか」というジャンプ課題について、佐藤は「1当たり量」の概念をもつことと、「量の関係をイメージとして構成することから数学的思考を始め」ることの意義を説いている（佐藤、２０２１）。

また、「正方形の辺の中点を結んで正方形をつくり、その正方形の中点と対角線を結んだ（中略）図の長方形の数、正方形の数、直角三角形の数」を求める課題について、佐藤は「『パターン認識』と『場合分け』という数学的探究の本質的な要素が学びの活動に一貫している」と解説している（佐藤、２０１８）。

佐藤の〈真性の学び〉の概念は、石井英真の「教科する」（石井、２０２０）、さらには学習指導要領の「見方・考え方」に通じるものである。

「2枚の円を使って正三角形を書く」（佐藤、２０１５）、「大きな円の内側に二つの異なる大きさの円が接している図で、内部の二つの円の中心間の距離を求める」（佐藤、２０１８）、「反射板で反射する光は、どの角度から光が当てられようとも、光源へと反射する」理由（佐藤、２０１８）、「正五角形の頂点から対角線を2本引いてできる三角形が二等辺三角形になることを説明させる課題」（佐藤、２０２１）、「日米和親条約の締結が両国にどのような影響を与えたか。条約文から考える」（佐藤、

２０２１）などのジャンプ課題は、子どもがそれぞれ思考をめぐらせ、教科の本質に迫ることのできる課題であり、「四角形」の学びを実現するものであると解釈できる。

三角形よりも四角形の授業がよいのか

ここまで、「三角形」の授業は知識・技能の教え込みになりがちで、「四角形」の授業は思考力・判断力・表現力の多様な育成を目指すものであるという文脈で書いてきた。では、「三角形」の授業よりも「四角形」の授業がよいと言えるのか。算数・数学の世界は子どもがそれぞれ数学的な見方・考え方を活用して多様な思考を展開することが望まれようが、数の計算にしても、図形にしても、結論は一つになるはずである。生物の分類は多様であっていいはずはないし、物理も化学も電流も一定の法則が存在している。

つまり、授業の目的がエピステーメーとしての客観的な知識の獲得である場合は「三角形」の授業になる。そう考えれば、三角形であることがすなわち授業の否定されるべき形態ではなく、むしろ「三角形」になるべき授業があると考えたほうがよい。

教育界の問題点のかなりの部分が、エピステーメーとしての知識・技能を獲得させる授業とフロネーシスとしての思考力・判断力・表現力を獲得させる授業の混乱であると解釈できる。

単元の流れにおいて、○○を知っている、○○ができるという知識や技能をめあてにしている場合は、めあての姿が単一で「三角形」の授業になる。○○について考えるという思考をめあてにしている場合は、子どもの学びの姿が多様になり「四角形」になる。単元の流れでどちらの授業形態を目指すべきかを判断することのほうが重要となってくるはずだ。その判断と授業構想はフロネーシスの世界であると考えられる。

エピステーメーからフロネーシスへ移行する授業

「三角形」の授業は知識・技能の獲得、「四角形」の授業は思考力・判断力・表現力の獲得が目的となっていると整理すると、市川伸一が推奨する「教えて考えさせる」授業は三角形から四角形に移行する授業と見ることができる。

市川（２００８）は、計算のしかたや面積の公式などをすべて自力発見させようとする授業を「教えずに考えさせる授業」と批判している。教えずに考えさせる授業では、既習内容をもとに考えることを促しても考えあぐねてしまう、討論を通じてわからせたいと思っても討論に参加できる子が限定される、授業のねらいや目的からはずれた多様な意見が出すぎてわからない子は混乱してしまう、などの問題が生じがちである。

そこで市川が提唱する「教えて考えさせる授業」の流れは、次のようになる。

① 教科書を開けば出ているような基本事項は教師から共通に教え、子どもどうしの相互説明や教え合い活動などを通じて理解の確認をはかる。

② ①で獲得した理解を確認する理解確認課題に取り組む。

③ 理解を深める課題で問題解決や討論などを行う。

私が参観した小学校3年生の算数の授業において、「ジュースが大きい瓶に0.5リットル、小さい瓶に0.3リットルあります。合わせて何リットルありますか」の問いに、子どもが「5個と3個で8個だから答えは0.8です」と答えた授業があった。教師は

「何が5個なの？　何が3個なの？」と尋ねた。「0.1が」5個あるいは3個と答えたら、授業は進んだのだが、子どもは教師の発問の意図がわからず、黙り込んでしまった。教師は必死になって「小数の足し算は0.1がいくつ分あるかを考えて計算する」ことを子どもに発見させようとしていたが、その意図が子どもに伝わっていなかった。授業の後半では机にうつ伏せになる子どもが複数生じることになった。

市川の言う「教えずに考えさせる授業」の失敗例である。小数の足し算引き算は「0.1がいくつ分あるかを考えて計算する」ものと、エピステーメーとして教えたほうがいい、というのが市川の主張となる。あるいは小数の足し算引き算は小数点以下の桁数を揃えて計算するというルールを覚えさせるだけで、あとはドリル練習を大量にさせる授業もある。

教科書（東京書籍）の記述では、「水とうに入る水のかさを1リットルますではかったら、1Lと少しのはしたがありました。水とうに入る水のかさは何Lと言えばよいでしょうか」と、はしたの大きさを考えさせている。1リットルを10等分した1個分のかさを0.1リットルと書くこと、水筒に入る水のかさは1.3リットルになることを解説している。そのような学びの後で「ジュースが大きい瓶に0.5リットル、小さい瓶に0.3

リットルあります。合わせて何リットルありますか」と尋ねている。0.5＋0.3を考えさせる流れになるのだが、教科書の記述は、0.5リットルは0.1リットルの5個分、0.3リットルは0.1リットルの３個分であることを確認させている。0.1が5個、0.1が３個あるのだから、合計は0.1が5＋３＝8個、すなわち「0.8」が答となる。

教科書はなぜこのような考え方を子どもに求めるのだろうか。学習指導要領解説は小数の意味と表し方について次のように記述している。

小数は、これまでの整数の十進位取り記数法の考えを1より小さい数に拡張して用いるところに特徴がある。整数の場合は、ある単位の大きさが10集まると次の単位となって表される仕組みであったが、小数の場合は、逆に、ある単位(1)の大きさを10等分して新たな単位（0.1）をつくり、その単位の幾つ分かで大きさを表している。

この記述は、小数の感覚をつかませることに焦点をあてている。最終的には、「小数点を揃えて位ごとに計算するなど、小数の仕組みの理解の上に立って行うようにし、整数と同じ原理、手順でできることを理解できるようにすることが大切である」こととなるが、そのためにも、小数の感覚をつかませることが必要と考えている。

さて、そうすると「0.5＋0.3」は子どもにどう考えさせたらいいか。「小数点を揃えて位ごとに計算する」ことを知識として教えたら、子どもは間違うことなく計算できるようになるだろう。だが、それで数の感覚をつかむことができるのか。

水筒やジュースの例から子どもが小数の感覚をつかむ過程は、エピステーメーではなくフロネーシスの思考であろう。子どもにエピステーメーを知識として伝授し、その後フロネーシス思考に取り組ませるのが「教えて考えさせる授業」。子どもにフロネーシスを通じて数の感覚をつかませようとしているのが教科書どおりの授業となる。

子どもの学びをイメージする

校内研修等で三角形・四角形モデルを使って授業を考えていただくと、面白い反応が得られる。

「三角形」の授業で子どもが目的を達成できない状況を**図10－1**のように表現する教

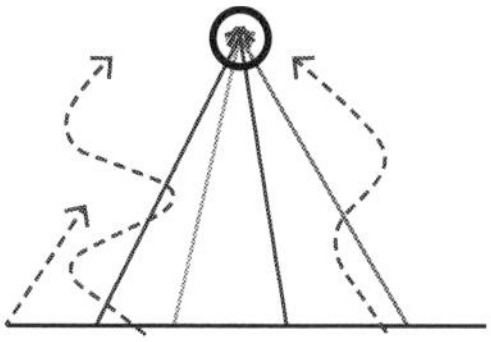

図10 - 1

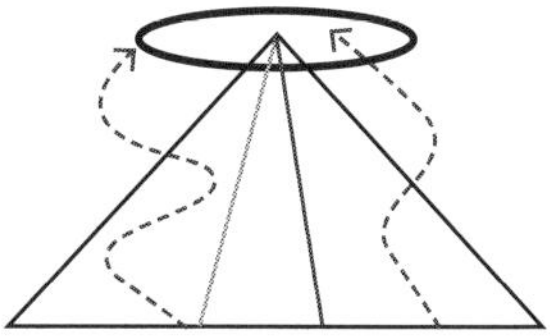

図10 - 2

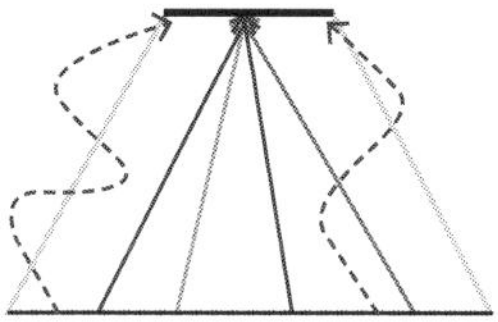

図10 - 3

図10　授業の三角形モデルの変容

師もいる。この教師は目的を達成できない子どもに支援すべきか、自力で目的を達成することを願って見守るべきかを悩んでいる。望むらくは子どもが自力で目的を達成できることだろう。ところが、子どもは自分で学んでいると見当違いの方向に行くことが往々にしてある。途をはずれた子どもに教師がすぐに手を差し伸べると、子どもは教師に頼るようになってしまう。基本は「見守る」ということになるのだろうが、どこで支援に入るかは教師の永遠の課題と言える。

「三角形」の授業で子どもが当初の目的を達成できなくとも、子どもの状況

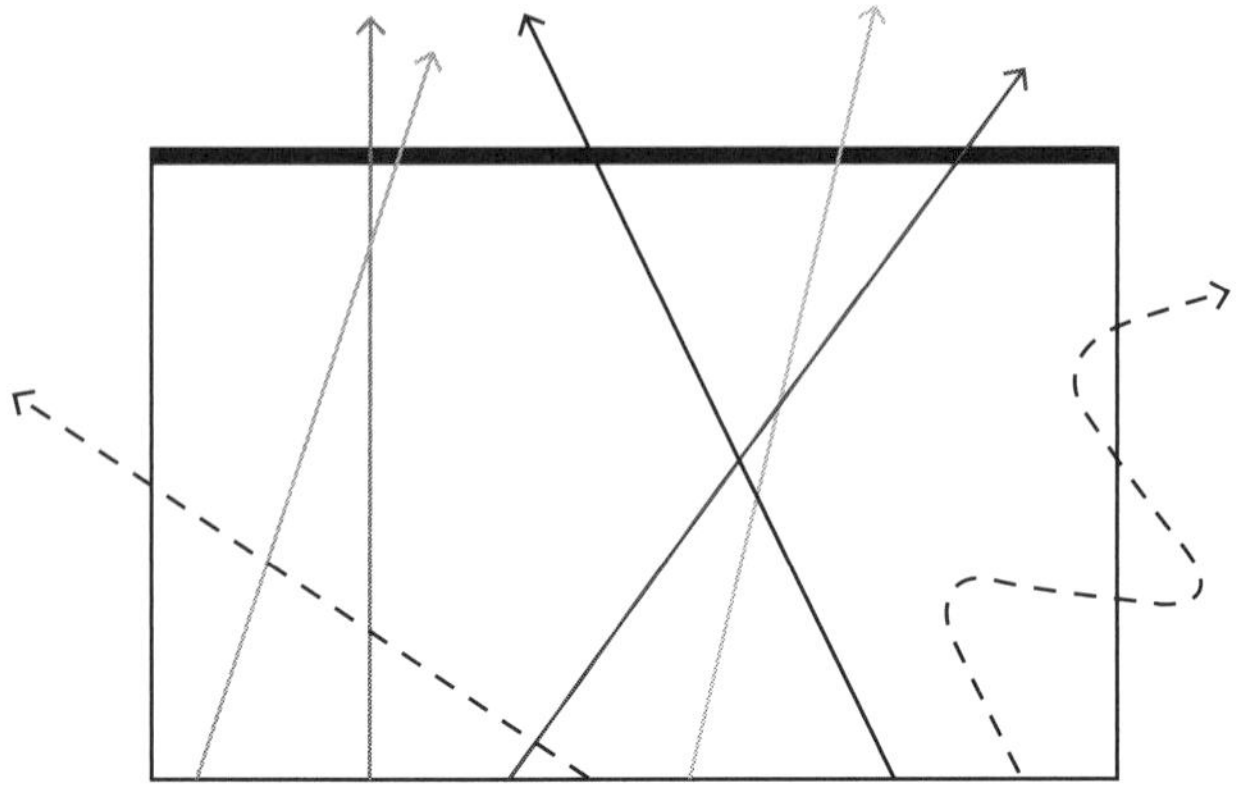

図11 四角形の授業において授業から外れる子ども

に応じて目的を拡大することで、目的を達成できたと解釈する教師もいる。**図10－1**の「三角形」で目的は小さな丸だったが、**図10－2**の丸は横に拡大している。

横に拡大した丸を直線にすると、「四角形」モデルに近くなる（**図10－3**）。つまり、「三角形」モデルと「四角形」モデルは対立概念ではなく、目標のとらえ方をどれだけ柔軟に示すことができるかを示しているのである。

また、「四角形」の授業であれば、どんな子どもの学びも保証されるというものではない。**図11**は「四角形」の授業であっても、授業の目的（四角形の上辺）から外れた学びをする子どもはいることを示している。そのように目的から外れた子どもに対しては、教師は学びを修正する指導をする必要がある。

写真1の図は子どもの対話的な学びをイメージしたものだ。最初に二人で対話的な

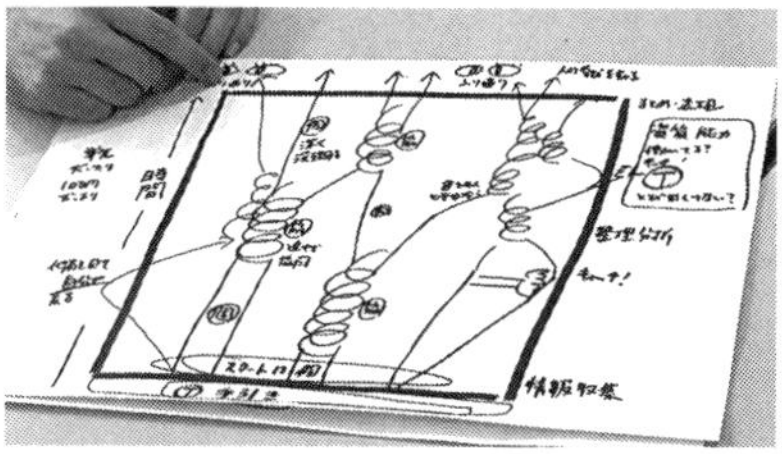

写真1

四角形モデルにおける対話的な学び

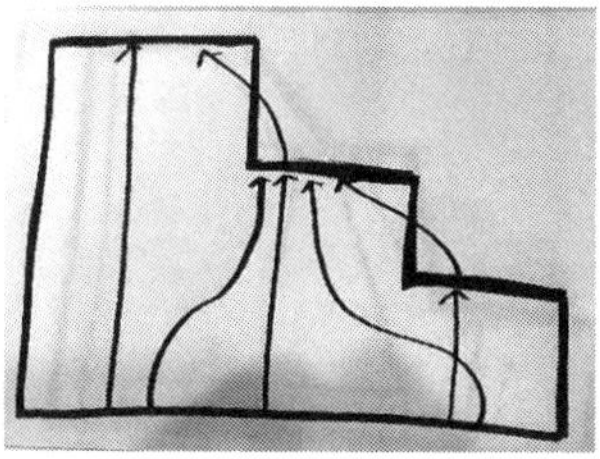

写真2

四角形モデルにおける到達目標の階段

学びに取り組み（それが2本線の上の螺旋形となる）、ペアワークから一人学びに戻る子もいれば、他の子どもとペアワークに入る子もいる。このような図を描く教師の教室は、子どもが思い思いに友達と相談しながら学びを進めているのだろう。

写真2の図は、学力的に課題のある子どもが多い学校の教師が描いたものだ。「四角形」を基本とするが、達成基準を子どもによって変えようと考えている。階段状に達成基準が示されているのが知識に偏っている印象を受けるが、子どもの状態をよく把握している教師であることが伝わってくる。

以上のワークショップの成果は、どれが正解というものではない。授業の目的について考える＝フロネーシスが促進されることが重要なのである。

本章では教育観の省察について、私が実践している具体的な姿（三角形と四角形による省察）を示した。次の章では組織としての省察である問題解決思考について考察していく。

TEACHER'S PHRONESIS

第4章

教師の問題解決思考

問題解決思考はフロネーシス

教師の省察は一人で取り組むことは困難であり、同僚と一緒に省察することが望ましい。ところが、教師集団は教育観が一致することはむずかしく、表面的な同僚性が支配する傾向にある（ローティ、１９７５）。教師集団という組織を共同体まで高めるのに問題解決思考が求められる。問題解決過程には目的の明確化、組織の構造分析、組織としての活動が含まれる。問題解決思考は組織レベルのフロネーシスであると考えてよい。

コルトハーヘンの省察が教師としての自己の発見に向かっているのに対し、問題解決を目的とする枠組みの多くは組織自体の省察、組織改編の戦略に視野が向かっている。この章では、組織の問題解決をどうすればよいかではなく、組織の問題解決においてどのような思考が機能しているかを描いていく。

佐古秀一による問題解決思考

佐古秀一は鳴門教育大学および高知県教育センターの学校コンサル事業として多くの学校の校内研修・管理職研修を実践し、その内容をまとめた『管理職のための学校経営Ｒ－ＰＤＣＡ』（２０１９）を刊行している。

佐古が学校を指導する際は、学校が共創ビジョンを構築することを主眼とする。共創ビジョンとは、管理職がつくって教師集団に伝達する伝達型ビジョンではなく、教師集団が子どもの姿を見つめ、子どもがどうなったらいいかを協議し、共同で創り上げていくものである。

佐古の手法では共創ビジョンを形成する手順が重要である。まず、子どもの実態の確認と共有を行う。この段階では学力調査や学校評価のデータも使うが、教師集団が把握している日頃の子どもの特徴、よさや問題を把握する。次に、子どもの実態の背景にある要因＝「根っこの課題」を探究する。根っこの課題の探究には時間がかかる。

佐古は「『根っこの課題』には『正解』がない」と語っている。根っこの課題を設定した後にどのような子どもを育てたいかという「育成課題」を設定し、そのような子どもを育てるための「実践課題」を考えていく。佐古は「根っこの課題」「育成課題」「実践課題」が設定できればいいと考えているのでなく、そのプロセスを通じて教師集団が学校の現状や育てる子ども像を深く考えることを促進しようとしている。

「育成課題」とは学校教育目標と同義であるが、多くの学校で学校教育目標として掲げられているものは抽象度が高すぎて子どもの実態に即していない。抽象的で出所不明な内容ではなく、「この学校でどうしても育てたい、育てなければならないと教員が理解できるものであり、実践することの必然性が理解されるものとして、設定されるべき子供像（人間像）」なのである。

「実践課題」には①すべての教員が実践することが可能なもの、②誰でもやるべきこととして受け入れられるもの、③とくに準備などを必要とせず、日々実践できるもの、という条件が設定されている。多くの学校で管理職や職員会議で決定された事項を個々の教師が自分に都合のいい解釈を付して実践しないことは多い。私は佐古が校内研修で指導している場面を参観したことがあるが、「本当にできるんですか」「全員ができるんですか」と迫っていた。そのような厳しいファシリテーションを通じて、教師集団は深く物事を考えるようになっていく。

佐古が紹介している高知県の小学校における展開例で、教師集団はまず子どもが「自分の思いを表現できない」ことを課題として考えた。その要因（根っこの課題）を探究する過程では最初に、「児童集団の固定的関係」が取り上げられたが、その視点で子どもの変容の展望が開けるかという観点で協議し直し、「自信が持てない」「失敗を恐れる気持ち」を根っこの課題として設定することとした。その後「育成課題」（北極星）を「人の言葉に感動し、自分の言葉に勇気を持つ」となったが、その協議は1学期後半から夏季休業中にかけて続いている。この学校では「育成課題」が「実践課題」ともなり、ポスターを掲示したり校長が折に触れて保護者や子どもに説明したりした。

佐古の手法は、集団問題解決に向けた協議が、深いところまで省察しようとすればするほど時間がかかるもので、しかし成果が大きいことを示している。同じ現象を田村知子が指導している学校にも見ることができる。

田村知子による問題解決思考

田村知子（２０２２）は**図12**に示すようなモデルで学校経営（マネジメント）の諸要素を分析することを勧めているが、これも問題解決思考の一種と解釈できる。最初の過程は「ケ．目的と実態の省察」であり、「社会的背景等を含めて、目的と実態を熟考する批判的省察」に取り組む。これにより実践全体の意味や意義が深いレベルで掌握され、「ア．学校の教育目標の具現化」に反映される。「目的と実態の省察」は本来、「ア」であるべきだろうが、なぜ「ケ」になっているかを直接田村に尋ねたところ、これまでの田村モデルでア～キを示してきているため、田村モデルに依拠して実践を続けている学校に配慮して「ケ」にしたとのことである（「ク．教育課程編成方針等の策定」も同様）。

「目的と実態の省察」を通して「学校の教育目標」を設定する。その目標を達成する道筋がカリキュラムである。「組織構造」「学校文化」は実践に対して規定的あるいは支援的に働く条件整備の要素である。「家庭・地域社会」と「教育行政」は学校に影

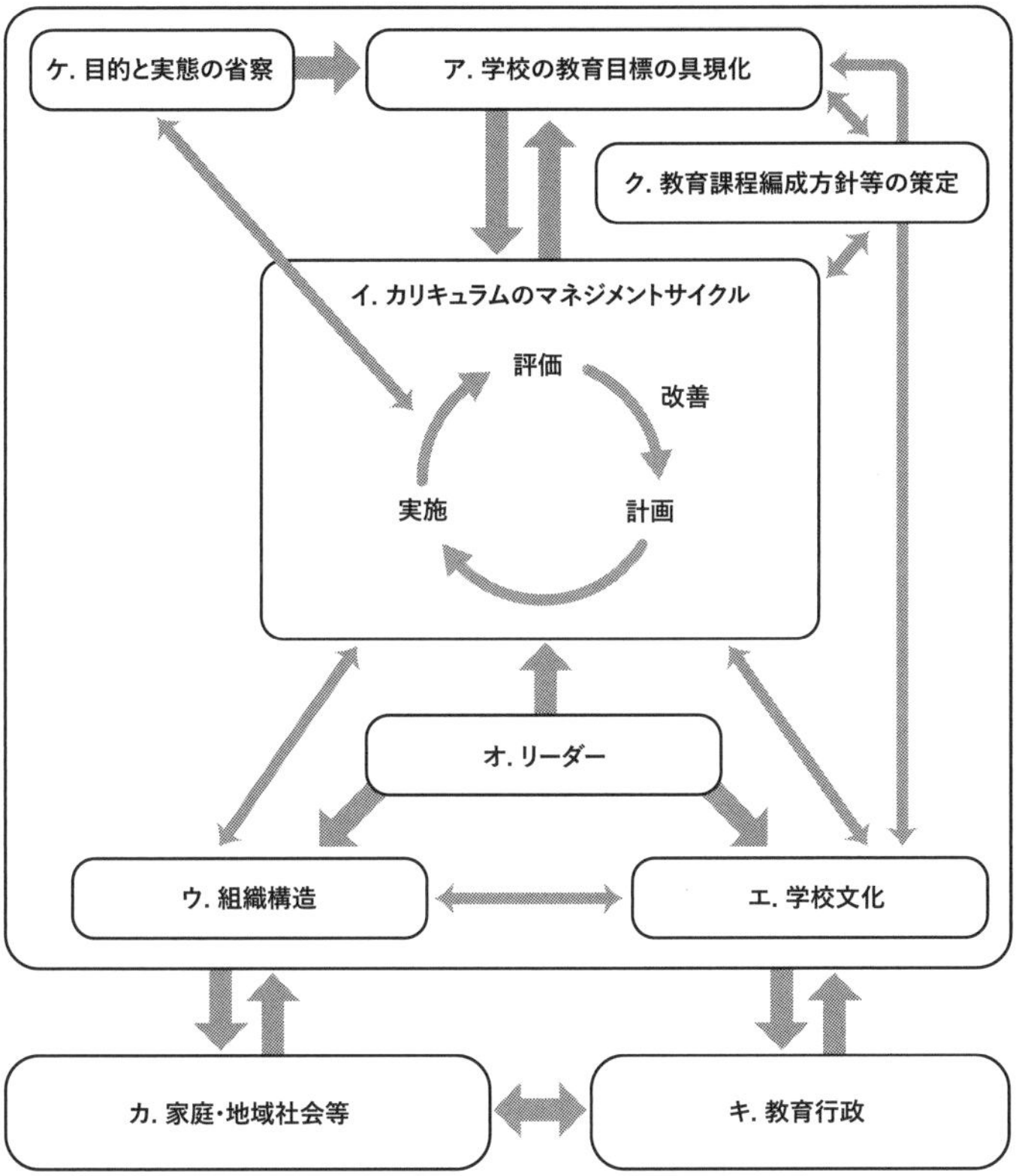

図12 田村（2022、49頁）を千々布改変

響する学校外の要素である。「リーダー」は学校内の要素であるカリキュラムのマネジメントサイクルや組織構造、学校文化の促進や変容に影響する。

田村が関わったH高校の改革事例では、初年度に田村自身の教師インタビューによるモデル分析と9月から3月にかけて計5回のワークショップを通じた職員の意識改革に取り組み、2年目は研修部長が中心になって授業改善に焦点化したワークショップを繰り返していった。3年目には校長が異動するものの、研修部長は継続してミドルリーダーシップを発揮し続けた。

H高校は当初、生徒指導上の課題が大きく、入学希望者が県下で最も少ない学校であった。教師によって授業の方法が大きく異なり、改革に反発する教師もいた。それが2年目から「生徒につけたい力」について協議するようになり、授業改善への意識が向上していった。3年目には生徒の学校満足度は80%を超えるまで上昇するまでになった。

田村論の目指すところは、「各学校が教育目標を実現化するために、学校内外の諸条件・諸資源を開発・活用しながら、評価を核としたマネジメントサイクルによって、カリキュラム開発と実践を組織的に動態化させる、戦略的かつ課題解決的な組織的営為である」と定義されている。「学校内外の諸条件・諸資源」とは組織構造、学校文化や地域社会、教育行政が含まれる。組織的営為とは学校の教育目標の具現化とカリキュラムのＰＤＣＡサイクルであり、それに働きかけるリーダーシップである。

田村は佐古と同様に「生徒につけたい力」を意識して、それに必要な手段を考えていくことが組織改革につながると考えている。

佐古と田村の問題解決思考枠組み

佐古と田村はそれぞれ独自の文脈で学校を指導している。両者の交流はほとんどないのだが、私は両者とそれぞれ交流して、二人ほど似ているものはないと感じている。まず、両者とも学校単位で交流し、職員集団にワークショップに取り組ませることで、集団で思考、意思決定させている。両者とも目標の設定過程に重点を置いている。

佐古の「実践課題」は育成課題を達成するために教師集団が何をするかということだから、広義のカリキュラムと同義となる。もっとも、田村が指導する学校のカリキュラムは年間指導計画など文書としての教育課程や指導方法の工夫である場合が多いのに対し、佐古が指導する学校の実践課題は「一人ひとりの伸びを見つけて認めあう」など、生徒指導的なものになる場合が多い。いずれも広義のカリキュラムに含まれるのだが、結果として学校が取り組む戦略は両者に違いがある。

取り組む戦略は異なっているが、戦略を考えるまでのプロセスはほぼ一緒であり、その成果を説明するのに教師集団の意識の変容や協働体制の構築、児童・生徒の満足度の上昇を取り上げているのも一緒である。

田村の組織構造や組織文化、リーダーシップの視点は佐古にはない。だが、佐古は実践課題を協議する段階で「すべての教員が実践することが可能なもの、誰でもやるべきこととして受け入れられるもの」を求めることで、結果として田村と同じ思考（組織構造、組織文化などの諸条件を考慮した戦略の策定）を教師集団に促していると解釈できる。

次に共通するのは、両者とも学校が戦略を策定する過程を教師集団に委ね、指導めいたことをしていないことだ。佐古も田村も教師集団の集団意思決定を尊重している。

表1 佐古と田村の視点比較

佐　古	田　村
根っこの課題 育成課題 実践課題	目的と実態の省察 学校の教育目標 カリキュラム

二人の論は集団意思決定のための枠組みを提供しているようなものである。

佐古と田村は表面的に異なる戦略を示しているように見えるが、教師集団が協働して学校の問題解決に取り組む戦略という文脈では見事に一致している（**表1**）。

同じ構造を他の学校改革の書でも見ることができる。工藤勇一『学校の「当たり前」をやめた。』（２０１８）は、工藤が赴任した麹町中学校で、慣行となっていた宿題、定期考査、担任制、生徒指導等を目的の観点から見直し、問題解決カリキュラムの策定、民間業者とタイアップした学習プログラム、定期考査を単元テストに、などの斬新な取組を行った。これらの戦略が麹町中方式として一般に知られているが、私は工藤の麹町中学校における実践のポイントは、職員に問題解決思考を根づかせたことにあると見ている。

工藤が麹町中方式を策定する過程では、教師集団と一緒に学校の課題分析を行い、学校の教育目標（育てる生徒像）を設定している。教師集団が育てる生徒像を構築するまでの構造は佐古・田村と一致している。

日野田直彦『なぜ「偏差値50の公立高校」が世界のトップ大学から注目されるようになったのか!?』（2018）は、民間人校長として大阪府立高校に赴任した日野田が、3年間の任期の中で海外の大学への進学者を多数生み出すようになった過程を描いている。

日野田は、学校の自己評価アンケートで同僚を信頼していると回答した者が2割しかいないにも関わらず、教師たちが「僕たちは仲がいい」と語っていることに問題を見いだす。「うちの生徒にはこんなにいい子がいる」との語りにも「不安の裏返し」と分析した。

そこで日野田は教師たちに徹底的にヒアリングし、彼らの不安を引き出した。働き方改革が進まないのも、なぜその業務をしなくてはいけないのかという視点が抜けていることに問題を感じ、意識改革を働きかけた。海外大学進学という目標は教育委員会から指定されたものであったが、それを教師個々の目的と合致させる作業を日野田は丁寧にやっている。

佐古が教師集団に「本当にできるんですか」「全員ができるんですか」と迫っていたことと同じことを、日野田は一人ひとりの教師との対話を重ねるなかで実現した。

結果としての戦略が、佐古の場合は生徒指導的なもの、田村の場合は教育課程や指導方法、工藤の場合は慣行にとらわれない学校経営、日野田の場合は英語教育と異なるが、現状分析と目標設定に至る思考様式は一緒なのである。

佐古と田村は学校の外部指導者として、工藤と日野田は校長として、職員集団に対峙している。立場が異なるから職員集団へのアプローチは異なる。佐古も田村も年数回招かれる校内研修の場で働きかけるしかない。工藤と日野田は校長であるから職員との日常的なコミュニケーションが可能だ。

この章で取り上げた４人の問題解決思考はそれぞれに文脈が異なるものの、共通する構造がある。

研究校における問題解決思考

研究校の研究体制は濃厚で、とくに教材研究を中心にした指導案検討に時間をかけている。とある国立大学附属学校では、次の過程を経ている。

①校内での指導案検討会（授業者作成→検討会→指導案修正）⇓②指導主事送付⇓③指導主事の意見を踏まえた指導案修正⇓④校内指導案検討会⇓⑤研究部点検⇓⑥指導案修正⇓⑦共同研究者（大学教員）送付⇓⑧指導案修正

通常の学校であれば指導案検討にかける期間は1ヵ月であるが、この学校は3ヵ月かけて校内の同僚、指導主事、大学研究者の手で指導案が練り上げられている。この附属学校では部会ごとに教科を専門とする大学研究者を共同研究者として任命している。

研究校は地域の指導者を育成するためにエース級の教師が集められ、深夜に及ぶ指導案検討などのハードワークを通じてベテランが若手を鍛える場となっていた。しかし、その体制を変えざるを得ない状況が生じている。最も変容が激しいのが国立大学附属学校だ。

変容の第一要因が人事である。以前であれば附属学校勤務は将来の出世コースとみられ、附属学校への異動を喜ぶ教師が多かったのだが、近年は附属学校勤務を嫌う教師が増えている。ある都道府県では、以前であれば附属学校勤務から指導主事になるキャリアコースが成立していたのが（それがハードワークに耐えるインセンティブとなっていた）、都道府県の年齢構成の変化から、附属勤務が終了しても管理職になれずに教諭として公立学校に戻る人事が増えていること、ハードワークの割に給与が安いことなどを理由に、附属学校への異動を断る教師が増えつつある。

第二の要因が働き方改革である。働き方改革の流れのなかで、時間外勤務を短縮する流れが全国的に生じているが、とくに国立大学附属学校は市町村立学校職員給与負担法の適用を受けないこともあり、働き方改革の圧力が強い。最近の国立大学附属学校は労働基準局の調査が入るようになり、勤務時間管理が厳しくなっている。

国立大学附属学校は以前より限られた人材で、働き方改革のなかで研究校およびモデル校の役割を果たすことが求められている。

九州のとある国立大学附属小学校は、かつて「不夜城」と呼ばれる研究校であったが、指導案検討の時間を短縮させて勤務時間を減らすことに成功している。同校における授業検討の方法は、目指している子どもの姿の共有とどのような場面で評価するかの共有の2段階で行われている。

目指す子どもの姿の共有は、学年を通して育てる子どもの姿を発言や記述、行動などで設定する段階、目指す子どもの姿を子どもの実態に応じて更新する段階で構築していく。その作業はすべての単元で行うわけではない。検証する単元と場面を設定する。それは、それぞれの教科の学習の中で、最も資質能力の発揮が期待できる単元と場面という観点で設定する。授業者と参観者は共有した目指す子どもの姿をもとに、授業における子どもの様子を観察し、授業後（翌日に設定）に子どもの観察と解釈を共有することで、ずれや共通点を整理している。

以上の手法により、事前・事後協議を以前より短い時間で開催できるようになった結果、必要に応じて頻繁に開催することができるようになった。

その手法を考案した研究主任は、附属学校に赴任する教師の変容と附属学校を取り巻く環境の変化に対応して、校内研究の手法を変容せざるを得なかったと語っている。同時に、その新しい方法では伸びたい人が伸びる一方で、伸び悩む教師が生じる可能性もあることを課題として考えている。

多様性を認めている研究校

学びの共同体に取り組んできた研究校から指導依頼をいただいたことがある。その学校は、机の配置を４人グループにするとか、学習課題を共通課題とジャンプ課題のような設定で子どもに委ねるなどの手法で共同体スタイルに取り組んでいたわけではない。子ども同士の関係性を重視する、個の学びを重視する、という点は継続している。学びの共同体の理念を見事に実現している学校と言っても過言ではない。形式的に学びの共同体スタイルを継続するのではなく、教科の観点と生徒エージェンシーの観点を取り入れた、その学校独自のスタイルを追求しているのである。

その学校の特徴は、学校文化の現れが教師によって異なっていることである。ある教師は子どもに授業の司会をやらせている。ある教師は授業進行の主導権を教師が握っているのだが、その中で子どもが自由に学んでいる。一方的に講義形式の授業をしている教師もいる。講義形式の授業をしている教師に尋ねると、子ども主体の授業をやりたいと思いながらできない悩みを語っていた。つまり、その学校は子ども主体の授業を展開するという価値観が共有されているのだが、授業スタイルが教師によって異なっているのである。教材研究は当然できている。表面的に授業スタイルが整っている学校よりも数段印象がよかった。

その学校の管理職は、教師の授業スタイルが異なることを認め、そのように力量の異なる教師たちが目指す子ども像を共有し、学校全体で子どもの成長を支援するスタンスで学校運営をしている。そのために、講義形式の授業にとどまっている教師が、教師が主導しながら子どもが主体的に学ぶ授業ができるように引き上げていくことに注力している。その際にトップダウン的な指導はタブーであり、他の教師のいいところを取り入れて徐々に変容していくことを期待している。この戦略は後述する教師エージェンシーを尊重した方法である。

日本は1世紀以上授業研究の文化を育んできた。その体制が崩れつつあるとの指摘は多いが（阿部、２０２４）、それは学校を取り巻く環境の変化に対応したものととらえたほうがよい。ところが、研究校に招聘される助言者は研究校のＯＢである場合が多く、かつてのハードな学びを現役教師集団に求めがちである。

徒弟制的に教材研究を厳しく指導することで教師が鍛えられた時代はあるし、その意義は今日でもあるのだが、かつてとは異なる構造が教師を取り巻いていることに気づかないといけない。多くの研究校が時代の変化に合わせて戦略を変えている。そうしないと対処できない時代の流れが学校に押し寄せている。

問題解決思考の共通性

教師集団における同僚性や協働性の必要性は、多くの先行研究が指摘してきた。そのことだけを目的にしたコミュニケーション研修やファシリテーション研修、グループエンカウンターなどの手法はそれなりに有効である。

本章では、学校の目的達成という文脈において教師集団がどのような問題解決思考をすればよいかを考えた。問題解決思考に教師集団の同僚性は必要条件となることもあるが、問題解決思考を通じて同僚性が高まる側面もある。

本章で紹介した佐古秀一、田村知子、国立大学附属学校などの問題解決思考は、文脈は異なるものの問題解決思考の枠組みは共通している。それは組織としての課題を明確にし、それを解決していくフロネーシス思考である。

TEACHER'S PHRONESIS

第5章 省察を促すコーチング

省察を促すコーチング

本書がフロネーシスの語を使用しているのは、教師の思考には学ぶべき世界（エピステーメー）を学ぶ思考と自ら考える思考（省察）の2種類があることを強調したいが故である。本章では、「自ら考える思考＝省察」を促進するコーチングについて考えていく。

コーチングと言うと、ビジネスの世界で企業経営者を対象に行われている、目的を明確化してその達成に向けた道筋を自ら見いだすことを支援するコミュニケーションツールのことをイメージする人が多いだろう。本章ではそのようなコーチングよりも、自己や組織の省察を支援するコーチングについて述べていく。

ショーンは教師が無意識のうちに省察しながら子どもと対峙している姿を示したが、リフレクションに関する諸説はいかにリフレクションを促すかについて語っている。コルトハーヘンがそうであるし、センゲとシャインはビジネスの世界における省察を促す手法について語っていると言っていい。

教師個人の省察を支援するコルトハーヘン

教師の省察を促す手法はさまざまあるが、最も有名なのはコルトハーヘンだろう。授業研究の手法としてリフレクションの名を冠してきたもののほとんどが省察についてのものである。

フレット・コルトハーヘンはオランダ、ユトレヒト大学で活躍した教師教育学者（現在名誉教授）である。ＡＬＡＣＴモデルによるコーチング手法を解説した『教師教育学』（２００１）をはじめ、多くの著書を刊行している。２０２２年には『パワー・オブ・リフレクション』を刊行し、コーチングによるリフレクションだけでなく、グループ・リフレクション、心のより奥深い部分のリフレクションを目指すコア・リフレクションなどを提唱している。

コルトハーヘンは、①教師が行為すること（Action）、②行為の結果を振り返ること（Looking back on the action）、③そこから本質的な諸相に気づくこと（Awareness of essential aspects）、④行為の選択肢が拡大すること（Creating alternative methods

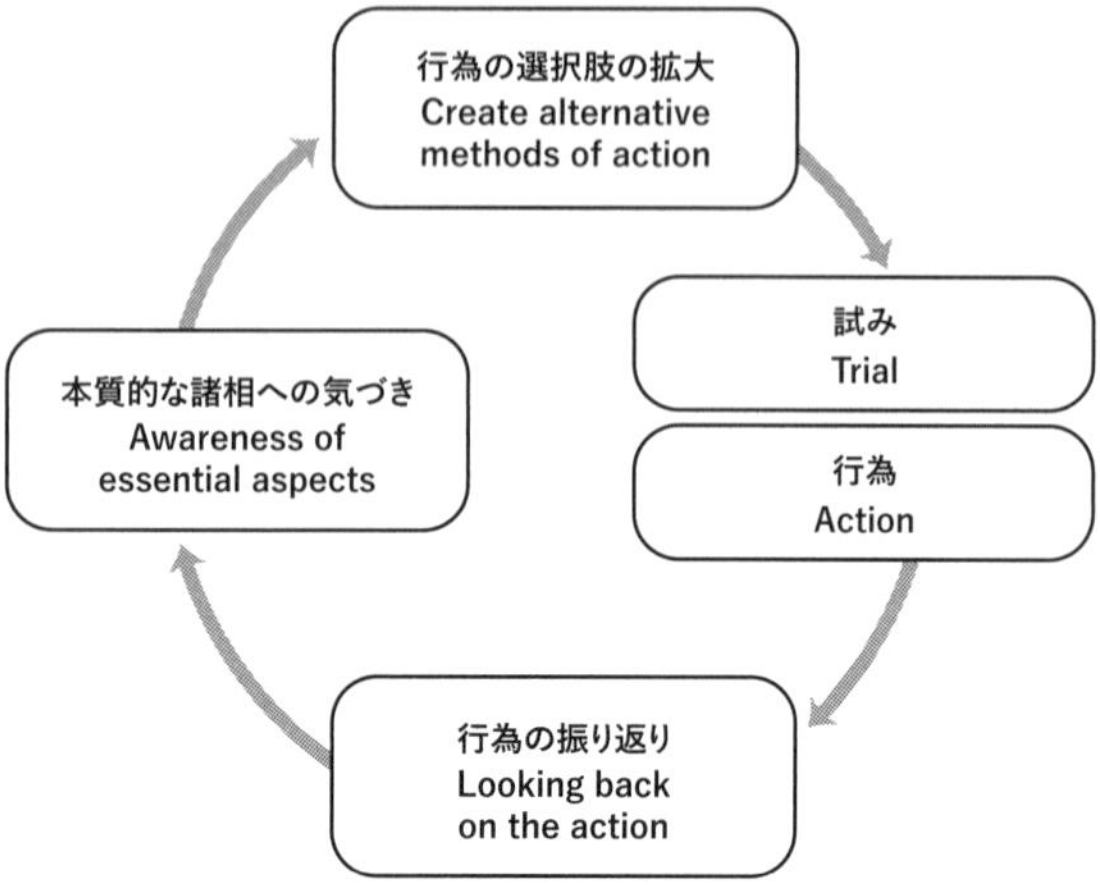

図13　コルトハーヘンによるALACTモデル（コルトハーヘン、2001）

of action）、⑤試みること（Trial）というプロセスで教師が学びを深めていくと考えた。各プロセスの頭文字をとってALACTモデルと称している（**図13**）。ALACTモデルの一連の流れは実践的省察あるいは批判的省察を深めて子どもへの対処法を構成主義的に学んでいくプロセスととらえることができる。

　コルトハーヘン論を日本で推進している研究者グループとしてREFLECT（学び続ける教育者のための協会）がある。コルトハーヘンの『教師教育学』に触発されてオランダを訪れ、コルトハーヘンから直接学び続けている人たちである。ＲＥＦＬＥＣＴによる『リフレクション入門』（２０１９）は、コルトハーヘン論をわかりやすく解説し、コルトハーヘンが指導しているワークショップ手法を具体的に示している。

その一つに「８つの問い」というワークがある。ＡＬＡＣＴモデルの第２段階から第３段階に向かうことを支援する思考ツールなのだが、たとえば授業中に教室を飛び出して教師に反抗的な態度を示す子どもがいることに悩む教師に対して、次の８つの問いを与えることにより、本質的な諸相に気づかせることを意図している。

1　私は何をしたのか？
2　私は何を考えたのか？
3　私はどう感じたのか？
4　私は何をしたかったのか？
5　相手は何をしたのか？
6　相手は何を考えたのか？

7　相手はどう感じたのか？
8　相手は何をしたかったのか？

以下は、私が実際に受けた相談での中学校教師の回答である。

生徒Aは前年度から荒れており、年度が替わった段階で教師Bが担任として赴任したが、荒れが収まらず、教師Bに対して暴力を振るう素振りを見せるまでとなっていた（実際の相談内容にかなりの修正を加えている）。

1　生徒Aを追いかけ、教室に戻るように説得しました。（その後、教師Bに対する反抗的な態度は強くなった）
2　授業規律を維持しないといけないと思いました。
3　授業規律を守っている生徒がいるなかで、生徒Aのわがままな振る舞いを許すわけにはいかないと思っていました。
4　生徒Aを含めて授業規律を維持し、クラスの生徒全員の学力を高めたいと思っていました。

5　教室を飛び出して、戻そうとする私に暴力を振るう素振りを見せました。
6　授業を受けたくなかったのだと思います。生徒Aはおそらく授業が理解できていないのでしょう。
7　生徒Aは友達と仲よく話したいと思っているのに、それを邪魔されていらだっていたと思います。
8　生徒Aはこのまま中学校を卒業できればいいと考えているのではないかと思っています。

教師Bは、生徒Aが荒れる要因は理解できていたが、それでも授業規律は重要だと思っていた。しかし、教師Bはコーチングを通じて、生徒Aの理解を深め、Aを受け止めるようにした結果、二人の関係は徐々に変わっていった。

コルトハーヘンは8つの問いの考え方を氷山モデルで示している（**図14**）。氷山の水面上の見える部分は「何をしたのか」という、1番目と5番目の視点である。水面下の見えない部分は、深さに応じて「何を考えていたか」「何を感じていたか」「何をしたかったか」の視点が示されている。氷山モデルは8つの問いの4番目「私は何をしたかったのか」、8番目「相手は何をしたかったのか」が最も深層の部分であり、見えにくい（気づきにくい）ものであることを示している。

コルトハーヘンのコーチング論は、自己と他者、自己と他者を取り巻く環境、自己の深層の省察という視点で構成されている。

省察を教師教育プログラムの中心に据えた福井大学と教職員支援機構

福井大学教職大学院はコーチングを現職教育プログラムの中心に据えている。福井大学教職大学院の改革を牽引してきた柳沢昌一（2011）は、ショーン（1983）による省察に関する「継続的で長期的な分析」の必要性に注目し、その実例として富山県堀川小学校の研究の軌跡に注目している。

堀川小学校の研究は、1960年代において「子どもの思考を育てる」ための「授

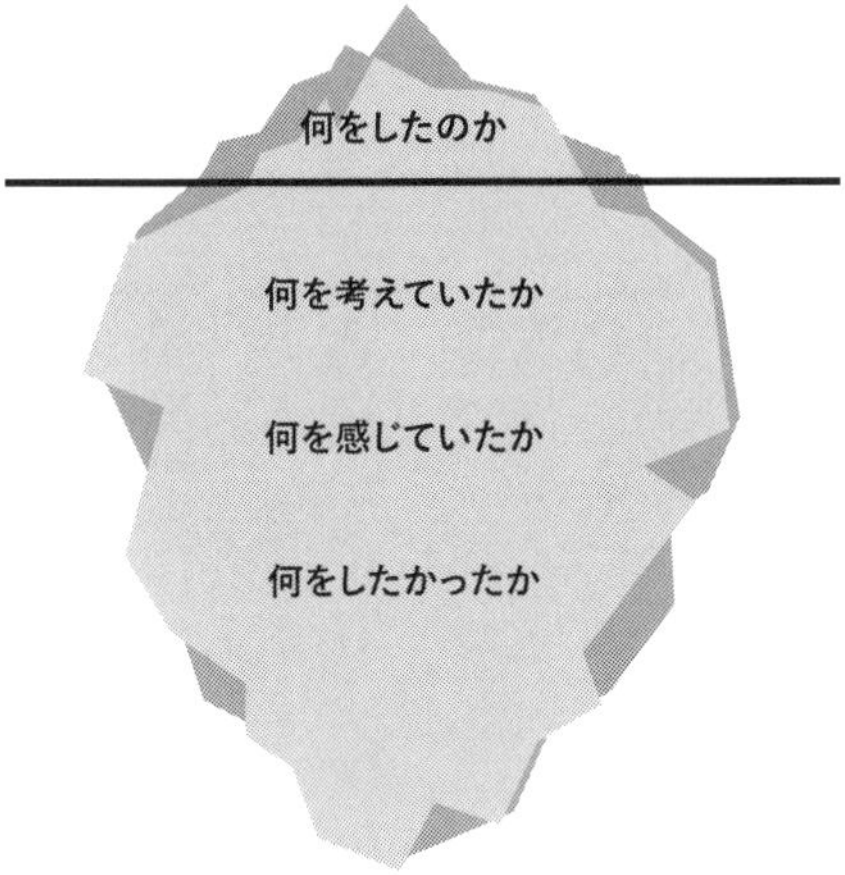

図14　コルトハーヘンの氷山モデル（REFLECT、2019を千々布改変）

業内容の革新」に焦点があてられていたが、１９７０年代には通常の授業の単元の枠を越えた子どもたちの長期的な課題探究のプロセスへの追究が始まっている。１９８０年代には従来の授業の枠組み、授業研究の方法とその枠組みを大きく超えた協働研究の在り方が提起されている。１９８０年代の堀川小学校は次のような分析を行っている（堀川小学校、１９８４）。

　ある課題が提示される。子どもたちはその課題について各人が考えや解決のための側面に目をつける。それを発表する。教師がそれをとりあげる。ひとりひとりの子どもは、その課題について、全体的な解決構想をもつのでなくて、それぞれの側面から解決のために一部の考えを出し合う。教師の全体構想に合う考えはとり上げられ、教師の考えに合わないものは黙殺されるか、捨てられてしまう。こうして、教師の考えによって取捨選択された一つの解決が作り上げられる。（中略）教師は、子どもの考えの真意や背景とはかかわりなく、その一部をとりあげ一部は捨て去るという操作をして、みんなで共同思考をしたという結論を導き出す。

柳沢は堀川小学校の省察の歴史から今日まで続く練り上げ型授業の問題点を指摘し、それを超える視点として「継続的で長期的な分析」による学校改善を目指した。まずは１９８７年より学部と附属小学校における実践研究を積み重ね、１９９２年の修士課程の設置を経て２０００年に「学校と大学とが、改革のための実践的な協働研究を進めていくための研究組織となることをめざして」学校改革実践研究コースを新設し、今日の教職大学院につながっていく。その過程においては「初発の参加者と積み重ねをもった共同研究の焦点との距離が拡大し、共同学習としての運営が難しくなっていく」ことがあったり、「実践の展開過程の省察とその表現を軸とする叙述の形を模索しつつ進められたこのプロジェクトを通して、学校と大学との新しい協働研究のあり方も自覚されてくる」ようになったりしている。福井大学の歩み自体が継続的で長期的な省察の積み重ねであり、自らの学びだけでなく組織までをも変容し続けている（柳沢、２００４）。

福井大学教職大学院における省察は、大学院に通った教師の実践研究報告に表れている。「入学前は省察的実践を行っていたにもかかわらず知識が文脈に依存していた。それは文脈を越えるような体験と、世界を越えて省察する場がなかったからである」と語る学生は、教職大学院における省察を通じて「私は生徒の世界を捉えようとしていたのではなく、自己の学びを生徒の世界を使って省察しようとしているだけではないのか」「異なる世界がぶつかり合ったときに生じる危機を省察を行うことによって乗り越えてきた」と考えるようになる（佐々木、２０１２）。

柳沢が依拠した堀川小学校、教職大学院を経験した教師、柳沢自身の語りは同じ構造をもっている。自らの学びと集団の学び自体を振り返り、改善を目指す。そこには他者との協働が必然に入ってきて、自己の省察と他者の省察が交流し、新たな展開を迎えることになる。

国の現職教育を推進する独立行政法人教職員支援機構も省察を支援する研修プログラムにシフトしつつある。教職員支援機構が2024年に刊行した『「研修観の転換」に向けたNITSからの提案』では、研修の手法が講義による伝達型講習や、ハウツー型研修に偏っていることを問題視し、従来の研修が「研修担当者（講師）が、何を教えるか」という観点を中心に組み立てられていることが多いのではないか、という問題意識のもと、学習する参加者の視点に立ち、「研修を通じて、参加者にどのような気付きや変化があるか」を整理し、そのうえで、そのような気付きや変化が起きるために「何を学ぶか」を検討し、その内容を「どのように学ぶか」という参加者の具体的な学びの姿を考え、構成する必要があるのではないかと考えている。

教職員支援機構審議役の佐野寿則（2024）は、雑誌の連載で彼が中心になって教職員支援機構の研修プログラムを見直していること、その際に前述の福井大学プログラムを参考にしていることなどを紹介している。佐野の記述は福井大学でのラウンドテーブルの体験、京都市立堀川高校での教職員との交流等を通じ、彼の当初の研修観が転換していく様が一人称で語られている。彼自身の省察を通じて、省察を中心に据える研修プログラムが構築されている。

組織の省察支援をするセンゲとシャイン

以上に紹介したコルトハーヘン、福井大学、教職員支援機構のプログラムは、教師個人の省察を支援するものであった。ビジネスの世界におけるコーチングを考えたピーター・センゲはコルトハーヘン論に似た考えを組織の省察支援プログラムとして展開している。

センゲは『最強組織の法則』（１９９０）で組織開発の視点としてシステム思考、自己マスタリー、メンタル・モデル、共有ビジョン、チーム学習の５つを示している（それ故、原著のタイトルは"The Fifth Discipline"となっている）。センゲ論は広く受け入れられ、『フィールドブック学習する組織「５つの能力」』（１９９５）、『フィールドブック学習する組織「10の変革課題」』（１９９９）、『学習する学校』

（2012）などが刊行されている。

センゲ論の5視点のうち3つは組織特有のもの（システム思考、共有ビジョン、チーム学習）だが、自己マスタリーとメンタル・モデルは個人の姿勢や考え方に関するものだ。

自己マスタリーとは「個人の視野をつねに明瞭にし、深めていくこと」であり、「どのようにすれば今の現実の姿がもっとはっきりと把握できるようになるか、学習し続けること」である（1990）。

メンタル・モデルとは「われわれの心に固定化されたイメージや概念のこと」である。メンタル・モデルを暗黙知から明示知に高めて克服するために、センゲは「推論のはしご」（2012）、「左側の台詞」（2012）、「氷山モデル」（2012）などの思考ツールを開発している。


「推論のはしご」とは、我々の日常の判断は暗黙の推論の積み重ねによって形成されるものであることをわかりやすく示すものである。我々は観察可能なデータを目にする。観察したデータのすべてを考慮に入れることはあまりなく、観察した中から選んだデータで考察している。それに意味を加え、結論を導いている。その結論は内面化されメンタル・モデルとなり、新たなデータ選択に影響している、そのような推論の過程を繰り返してメンタル・モデルが強化されているという考え方である。

たとえば、カリキュラムの変更案を「この件は来年まで待つべきと思う」と応えられたことから、学科長を敵視するメンタル・モデルを構築した教師の例を紹介している。その教師は学科長が語ったことに加え、提案の最中に学科長が目をそらしたこと、あくびをしたことなどのデータを選び取っていること、そこから学科長は早く話を終えることを望んでいるだろう、自分を無能と思っているだろうと推論している。ところが、学科長はたくさんの可能性があると思いながらメモを取っていたのかもしれない、学科長が知りうる情報からそのアイデアの実現性に疑問を感じたが故に「来年まで待つべきと思う」と語ったのであり、その教師を無能視しているわけではなかったのかもしれない。その教師の推論のとおりかもしれない。

重要なのは推論のはしごを勝手に登るのでなく、教師は学科長に「このプレゼンテーションについてどう思いますか」「ずっと黙りこくっていますね。何故ですか」など質問することで、推論のはしごを登る弊害から脱却する可能性を探ることである

（センゲ、２０１２）。

「左側の台詞」とは、うまくいかなかったと感じている他人との会話を脚本のような形で書き出し、会話中に心の中で考えていた台詞を左側の段に書き出すことで、自らのメンタル・モデルに気づかせるものである。

たとえば、子どもの成績が不当に低いと感じている保護者が「自分の子どもはCの評定をもらったが納得いかない。Aを取って当然です」と訴えてきたとしよう。その後の実際の会話と、そのときに担任教師が考えていた心の台詞を左段に示している（**表2**）。

この作業をして、実際の会話の一週間後に読み直し、「自分は何をしようとしていたのか」「自分が意図していた結果を達成できたか」「自分の発言は、どんな形で会話を難しくしたのか」「なぜ左側の台詞に書いたことを言わなかったのか」「このように反応することの利益は何か、リスクは何か」「なぜこれとは違う形で行動できなかったのか」などを振り返ることができる。左側の台詞は、コルトハーヘンの8つの問い

表2 「左側の台詞」の例

今学期、成績で苦情を言われるのは5人目だ。苦情を言うのがはやりなのか。	**教師：**成績は正確につけるように努めています。お子様のスキルはうちのクラスのAレベルに少し劣ります。
前の担任が言っていたことは覚えていないが、自分の考えとそう違わないはずだ。 考えていたよりも時間がかかりそうだ。	**保護者：**前の担任はそう言っていませんでした。うちの子どもは一生懸命に勉強しています。 **教師：**見直してみても見方が変わるとは思えません。お子様は勉強に打ち込んでいないのです。
私はどの生徒も公正に扱っている。	**保護者：**うちの子どもを公正に扱っていますか。これまでできる子だったんです。
もっと早くに考えるべきだった。	**教師：**お子様がきちんと席について成績を上げようとするなら、喜んで勉強を手伝います。
これは一種の恐喝だ。教頭に相談したほうがよさそうだ。	**保護者：**それは助かります。でも、まず先生が成績を変えてくださらないと、子どもは先生のところに行こうとしないと思います。

の1番目から4番目（自分が何をしたのか、何を考えたのか、どう感じたのか、何をしたかったのか）を取り出したようなワークになっている（センゲ、2012を一部改変）。

「氷山モデル」は、前述したコルトハーヘンの氷山モデルと似ている（**図15**）。水面上の見える出来事に直接反応するのではなく、水面下の組織体系的構造やメンタル・モデルに焦点をあてることで真の原因をさぐる姿勢である。

たとえば、ある公立学校の中退率が上昇して問題視されたとき。校内の教師や管理職は保護者や生徒に責任を帰そうとした。だが、それは氷山の水面上、見えている部分への対応である。学校は卒業率の経年変化とそれぞれの年にどのような生徒が入学していたか、どのような経営方針をとっていたかのデータを作成した。それを分析した結果、過去にはすぐれた学業成績を出していたため、進学校としての方針を掲げたものの、その後生徒の多様性が増して新たな教育のニーズが生じていたのに対応できていなかった。ある校長の時期に夜間補習を実施して中退率は改善したが、その校長の異動とともに夜間補習プログラムは中止され、中退率は再び上昇した。その後は多

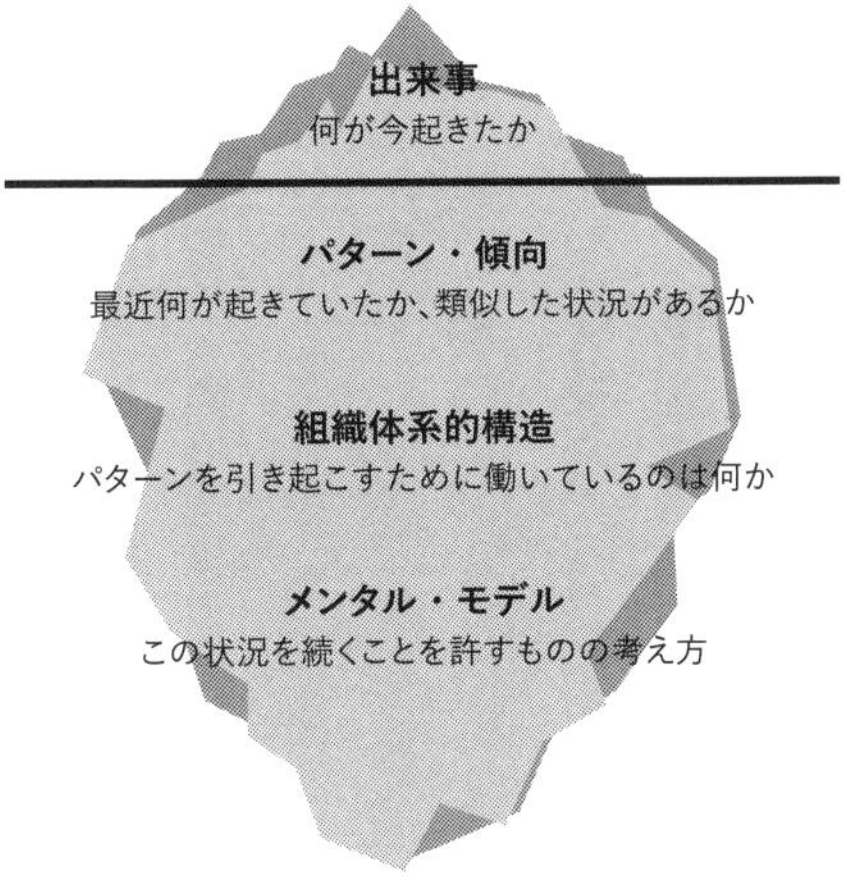

図15　センゲの氷山モデル（センゲ、2012を千々布改変）

様性のある生徒に対応した教育が必要なのに進学校時代の教育を維持する考えが改まらず、中退率が増加し続けている。

センゲの分析は水面下の現象に注目することと、それらの要因が相互に絡み合っていることを俯瞰し（システム思考）、解決のレバレッジを探ることが特徴的である（センゲ、２０１２）。

エドガー・シャインは組織文化の重要性を提起したことで著名な研究者だが（シャイン、１９８５）、その後は『プロセス・コンサルテーション』（１９９９）、『問いかける技術』

（２０１３）などのコーチング関連の研究成果を出版している。

シャインは『プロセス・コンサルテーション』において、企業経営におけるコンサルタントとクライアントの関係には大きく三つのパターンがあるとしている。

第一は、問題解決に必要な情報を提供することで対処する専門家モデル。第二はクライアントの状況をコンサルタントが診断したうえで対処法を伝える医者―患者モデルである。第一の専門家モデルにおいてはコンサルタントもクライアントも技術的思考しか働いていない（あるいはそうなる傾向が強い）。第二の医者―患者モデルではコンサルタントは問題解決思考を働かせているが、クライアントが技術的思考にとどまる可能性が高くなる。

そこでシャインが示す第三のパターンがコンサルテーションモデルである。クライアントは何が問題であるかがわかっていない場合が多い。そのためにまずは、問題は何であるかをクライアント自身が診断することへの援助を必要としている。問題が何であるかをクライアントがわかっても、何をどのように改善したらよいのかを特定するのに援助を必要とする。最終的にはクライアントが自分で問題を理解し、自分たちで行う治療法をとことん考えるようにならない限り、彼らが解決策を実行に移すことはできない。これらのクライアントの問題解決過程を一貫して支援するのがコンサルテーションモデルである。

センゲの氷山モデルは、追究すべき無意識の世界としてメンタル・モデルと組織文化を挙げたが、シャインは問題解決戦略を見いだすのも無意識の世界への洞察が必要と考えている。シャインのコンサルテーションは、クライアントが問題解決思考を深めることを支援するコーチングの過程であるととらえることができる。

組織の問題解決思考に向けた省察

私は、前章で考察した佐古秀一論、田村知子論、本章で考察したコルトハーヘン論、センゲ論、シャイン論を総合し、次の氷山モデルで教師や教師集団の省察を促している（図16）。

多くの教師や管理職が「見える現象」で悩んでいる。子どもの問題行動、理不尽な要求を語る保護者、理解のない管理職、勝手な教育観にこだわる同僚教師。それらの見える現象を解決するための戦略を探し、その一環で私のところにも相談に来ている。

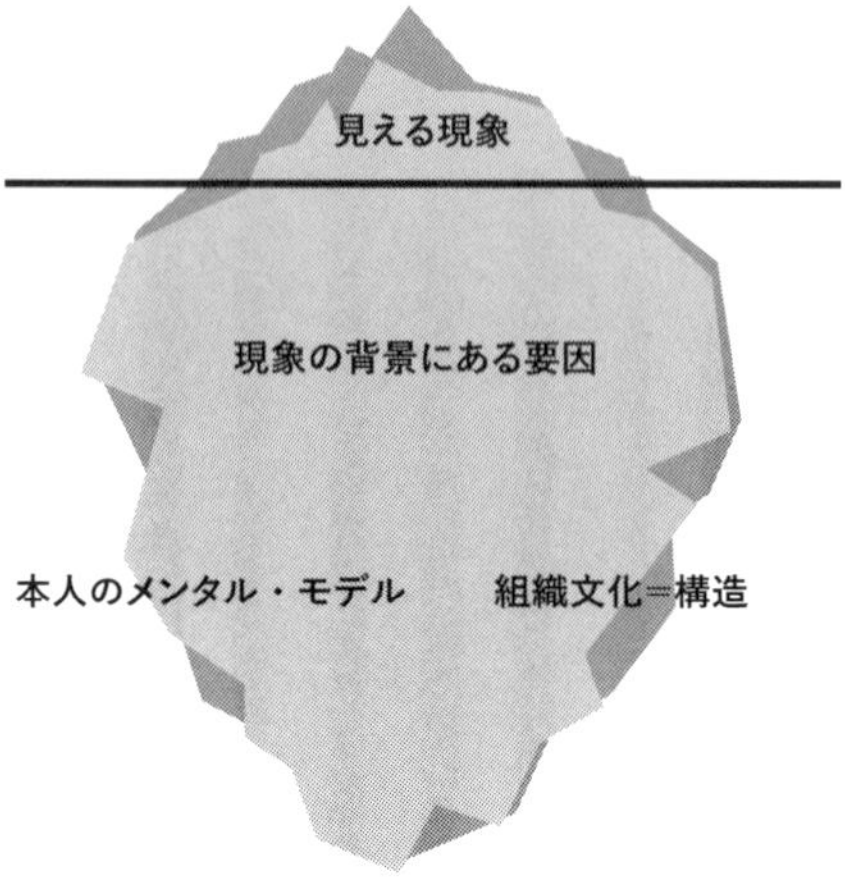

図16　千々布の氷山モデル

相談を聞いていると、見える現象の背後にある要因が見えてくる。

学年体制、校内研究体制、管理職と職員の関係、地域社会との関係、等々。しかし、最も重要なのは本人の教育観（メンタル・モデル）と学校の組織文化である場合が多い。メンタル・モデルとしての教育観を掘り下げるために第3章の三角形・四角形モデルを開発した。

図16で「組織文化＝構造」と書いているのは、次章で説くギデンズ論に依拠している。我々の考えに影響し、支配しているものは組織文化と表現される場合もあるが、それをギデンズは

「構造」と表現している。氷山の奥底にある、本人のメンタル・モデルも組織文化も、通常は無意識の世界に属しており、無自覚的に我々に影響している。それを掘り下げるのがコルトハーヘン論であったりセンゲ論であったりする。

省察の多様性

本章では、省察の多様な姿とそれを促進するコーチングの多様性を描くことを意図してきた。論者によって多様な省察のスタイルがある。子どもや保護者との会話、子ども同士のトラブルなど、場面に即した省察から、一時間の授業を省察する取組、組織の長期的取組自体を省察する取組などがある。コルトハーヘンやシャインが目指す省察は、自己の深層意識（コア、メンタル・モデル）を掘り下げることの有効性を説いている。また、他者を理解することも重要だ。そうすることにより、結果として自己の目標達成や組織としての目標達成も可能になる。

問題解決場面においても省察に取り組むことになる。センゲやシャインが行っているコーチングがそうであるし、佐古秀一や田村知子が行っているのも問題解決に向けた集団省察のコーチングと言える。

なぜ省察や問題解決を促すにはコーチングしかないのであろうか。その疑問に答えるのが次章で説くエージェンシー論となる。

TEACHER'S PHRONESIS

第 6 章

教師エージェンシーとは

助言に素直に耳を傾けない教師や学校

私の現在の学校との関わり方は、第4章の佐古秀一や田村知子の手法に近い。授業研究の指導者として招聘されるのだが、公開授業そのものよりもその授業のつくり方、授業者を取り巻く教師集団の文化、それに対する管理職の考え方に関心が向く。そのうえで、組織としての学校を変える戦略を考えている。

当初はシャインの医者―患者モデルのように学校の状況を診断してコメントを伝えていた。すると、素直に受け止める学校がある一方で、猛烈な反発を寄せてくる学校もあった。第3章で示した教育観を三角形・四角形モデルで振り返っていただくワークショップは、医者―患者モデルからコンサルテーションモデルへの転換を図った私の試みの一つである。

教師はともすると自己流に閉じこもり、他者の意見を聞かずに講義形式で知識を伝達するだけの授業を続けてしまう。教師集団はそのような同僚教師の存在に気づいても反発を恐れて忠告しようとしない。教師は学年集団などの小さい集団ではまとまりやすいのだが、他の集団に攻撃的な姿勢をもちやすい。これらの教師の特徴はダン・ローティ（１９７５）やアンディ・ハーグリーブス（１９９４）がすでに指摘しているし、なにより当の教師集団がわかっている問題点だ。

そこで教師集団に省察を促すコーチングに注目することになるのだが、根本的な要因としてエージェンシーの問題を考えざるを得なくなった。コーチングは教師のエージェンシーをどう触発できるかが鍵になっているからだ。

エージェンシーと構造の関係

ＯＥＣＤはEducation2030において、子どものエージェンシーについて「変化を起こすために、自分で目標を設定し、振り返り、責任を持って行動する能力」と定義している（白井、２０２０）。子どものエージェンシーと同様の定義が教師エージェンシーにおいても成立するが、文脈が異なる。子どものエージェンシーはアイデンティティ獲得の文脈が強いのに対し、教師エージェンシーを論ずる際は、教師が目指す教育的価値を見直したり、目指す教育的価値が異なる他者とコミュニケーションを図ったり、組織として意思決定する文脈が強い。

個人が他者や組織とコミュニケーションを図る際のエージェンシーの在り方を追究したのがアンソニー・ギデンズである。ギデンズは行為主体者である人間と社会構造が影響を及ぼし合って変革が行われていく関係に注目している。人間の意識は社会構造の影響を受け、構造に無自覚な無意識、構造の中で何かをできるようにする実践的意識、それを明確にする言説的意識（その原動力としてのエージェンシー）を働かせながら、構造を再帰的に再構成している（ギデンズ、1979）。

ギデンズはエージェンシーと構造は再帰的に循環しているものであり（構造の二重性）、二元論的にとらえずに一体的にとらえるべきと考えている（ギデンズ、1979／ギデンズ、1984）。構造の影響を受けながらエージェンシーを働かせて構造を再構成することを、「再帰性」とギデンズは称している。ギデンズのエージェンシー論は、自律性が社会構造の影響を受けながらも、社会構造を変容させることにつながる視点を与えてくれる（中村、2007）。

ギデンズの考え方を学校の組織文化や学校改革に適用すると、次のような説明になる。

教師集団のエージェンシーを尊重しようと、学校経営方針やカリキュラムについて教師集団の協議に委ねる校長は多い。すると、教師集団はその学校で以前から実施されている学校運営の在り方を維持しようと考える。校長が授業研究や教育課程編成の方法などを変えようと提案しても、受け付けない。それは教師集団が無自覚的にその学校の構造を再生産している、教師集団のエージェンシーが学校の構造に影響されているからだ、とギデンズは考える。

それでも学校が変わる事例は多い。それは従来から学校の状況（構造）に疑問を抱いていた教師（ミドルクラスが多い）が校長の提案を前向きに受け止め、学校を変えていこうと考えるときである。校長やミドルリーダーのエージェンシーが学校の構造を徐々に変えていく。すると変容された構造に影響を受けて、他の教師も従来と異なるエージェンシーを発揮するようになる。それが「再帰的な変容」である。

学校を変えるのに時間がかかるとよく言われる。校長がトップダウンアプローチで短期に変革することも可能だが、個々の教師が校長の指導に表面的に従っているだけで信念の変容まで到達していない場合、校長の異動とともにもとの体制に戻る可能性が高い。それは、技術的に一つの施策を実施することと、学校の構造が変わることが、別の次元であることを示している。学校が真に変わるのは、教師が自らのエージェンシーにより学校の構造を変えようと考え、その結果として構造が再帰的に変容したときなのである。

本章ではギデンズの再帰性概念に従い、無自覚的なエージェンシーにより社会構造は変わることなく再生産されるものであること、個人のエージェンシーが構造を変えようと意識するとき（目的志向）、社会構造は徐々に変容していくこと（再帰的変容）が可能であるととらえていく（図17）。

再帰的変容による学校改革の例

ここで紹介するのは、教師のエージェンシーを尊重しながら学校の構造が再帰的に変容した近畿圏の学校の事例である。M小学校は市内でも地域性に恵まれており、児童の学力は高く、保護者トラブルもあまりない。そのような学校において、Y校長が

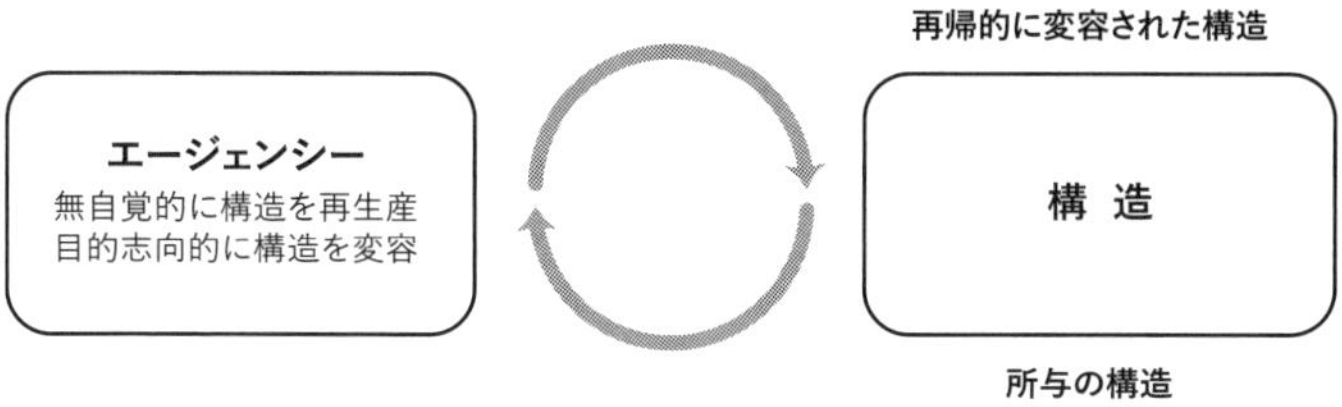

図17　エージェンシーによる構造の再帰性と再帰的変容

在任した3年間で全国学力調査と市実施の学力調査の平均値が伸びている。

M小学校の変容は、市が推進する帯学習の取組を契機としていた。帯学習とは、毎日10分から15分の短時間に実施する基礎学力の向上等を目的とした学習のことであり、市教育委員会は学校訪問の際に帯学習の実施状況を含めた学校の体制を観察し、指導している。

Y校長が赴任した2年目の2019年度から市の方針として示された帯学習は、実施状況が芳しくなかった。教頭は「ちょっとなかなかばらばらなことをしていたこともあります。恥ずかしいところですけども、我々もちょっと、よく把握をしてなかったので」と語っている。学校としての方針は1週間のうち計算を2日、音読を1日実施することとし、残り2日は各学級の判断で実施することとなっていたが、その様子を参観した教育委員会は「実施内容が揃っていない」と学校に指摘する。

そこで校内では、それまで研究推進委員会と学力向上委員会がともに帯学習を担当するという、棲み分けができていない状況であったことを問題視し、学力向上委員会が帯学習を担当するように話し合った。

2019年度末の学力向上委員会で、国語の新出漢字の学習を帯学習で取り組むことを意思決定した。それでも2020年度1学期における教育委員会訪問では、帯学習の実施内容にまだ疑問が呈された。「同じ漢字をやっていても、実はクラスごとにちょっと違ったり、学年に任せてたところもあったので。指導内容は新出漢字のことで変わらないと思うんですけれども、そういうところも揃えていこうねと」教育委員会から指摘を受ける。

その年度から教務主任となったB教諭は、各教師が実施している帯学習の内容をイントラネット上のファイルに記録するシステムを考えついた。それまで各学年会で話し合い、学年会の中でも各教師の意思決定を尊重していた学校で、全体で一緒にしようとするのは無理がある。実施した内容を事後報告的にイントラネット上のファイルに記入することは、各教師のエージェンシーを尊重する方法であった。

私がインタビューしたＭ小学校の教師たちは異口同音に２０２０年度で「大きく動いた」と語っている。動いたのは帯学習の実施内容だけでなく、学力に関する意識や研究に関する意識など、学年会と校内の組織文化が変容したのである。

面白いのは、私がインタビューした教師たちは誰もＹ校長に言及していない。校長のことを尋ねると、これも異口同音に校長への尊敬の念が返ってくるのだが、帯学習の実施内容の変更は自分たちで話し合ってやったと考えている。その点をＹ校長に尋ねた。まずは帯学習の実施内容を漢字に統一しようと意思決定した２０１９年度末の学力向上委員会について、Ｙ校長はこう語っている。

「その会議にはいませんでした。いると威圧感があるでしょう。Ｅさんが（学力向上）主任なので、Ｅさんがみんなの意見を聞きながら、『じゃあ、こうしましょう』とまとめたほうがやる気につながるかなと思いました」

2020年度1学期の教育委員会訪問についてはこう語っている。

「教育委員会の言うことを聞かないのはだめだというのはみんなにわかってもらいたい。だけどM小のことを知っているのは校長じゃなく担任であるから、M小の自分のクラスの子どもにとって効果があるものはしていこうという話をしました。それと言われたら絶対みんな嫌々やるので」

Y校長は、M小学校に以前から存在していた学年会に意思決定を委ねる体制（構造）を認めながら、学年主任の在り方について「昔だったら、『こういくわよ』って言ったらみんなついていくような、そんな時代ではもうないので、『どう思う』『何がしたい』って聞ける主任さんをつくらなければいけない」と考えて指導している。Y校長は目的志向をもちながら、その学校の構造と職員集団のエージェンシーを尊重してリーダーシップを発揮している。

２０２０年度に初めて学年主任となったC教諭は、Y校長が学年会を尊重し、協議時間を時間割の中に定めていることに感謝している。

「学年会は、この学校は毎週金曜日で、とくに変わった用事がなければ毎週金曜日の3時頃には学年会をもってました。この日にすると決まってたほうがちゃんと用意してしゃべれますし、放課後の時間もやっぱり先生方すごく貴重ですから、本当に授業の準備とかいろんなことがあるわけで。そうなったときに、いつ始まるかわからない学年会ってすごくやりづらい人もいると思うんですね」

M小学校では学年会が定期的に開催されていたが、その体制のもとで２０１９年度における帯学習の実施内容は揃っていなかった。帯学習の実施状況の変容のみを目的としたとき、学年会を中心にした教師集団に任せる体制を変える選択肢もあったはずだが、M小学校では教師集団のエージェンシーを尊重する構造を維持しながら帯学習の実施内容が変容されている。

M小学校の変容を構造の再帰性モデルにあてはめると次のようになる。

Ｍ小学校は学年会の意思決定を尊重する構造を反復的に維持していたが、それは真の協働体制まで至らない状態であり、帯学習の実施内容の不揃いという状況に結びついていた。そこに教育委員会の指摘という刺激が加わり、学年会の構造を変えようという目的志向的意識が働くこととなった。教務主任が各教師のエージェンシーを尊重して帯学習の実施内容をイントラネット上のファイルに記録するシステムを考案したことで、各教師はイントラネットで相互の指導状況を確認しながら、帯学習の実施内容を変容させていった。

結果として、学年会の構造は当初の構造よりも協働性の高いものに再帰的に変容するに至った（千々布、２０２３）。

リーダーシップによる再帰的変容

ギデンズの再帰的変容の枠組みによって、学校の変容は一足飛びに進むものではないこと、変容に向けた組織成員のエージェンシーが重要であることが了解されるはずだ。だが実際には短期に変容する事例もある。

Ｔ中学校はＦ校長が在任した２０１５年度から２０２１年度にかけて大きく変容した学校である。Ｆ校長が赴任した２０１５年度のＴ中学校は荒れていた。Ｆ校長より１年早く赴任していたＧ教諭は、全校生徒６００人程度のうち20人ほどの生徒が教室に入っていなかった状況で、「多くの教師が病休になったり退職したりしていた」と語っている。それが２０１７年頃には「完全に教室に入らない生徒はすごく減った」状況となり、職員室の様子も当初は「職員室には見えない、厚くて高い壁がある」状況だったのが、いつの間にか「厚くて高い壁」はなくなっていた。

この学校の変容の一番の鍵はＦ校長にある。Ｆ校長が赴任した２０１５年度に最初に取り組んだのは、教室を飛び出している生徒への対応だった。Ｆ校長は「誰でもできること」を心がけ、朝の挨拶運動と校内のごみ拾いを始めた。Ｆ校長はごみ拾いに加え、さらに下駄箱のペンキ塗りも始めた。教室に入っていない生徒に声をかけ、「手伝ったるわ」という生徒とだけペンキ塗りをした。「なんでそんなことしないといかんねん」と手伝わない生徒もいた。Ｆ校長と同じように動き出した教師もいる。テニス部の指導をしていたＨ教諭は、テニスコートの溝掃除を教室に入っていない生徒と一緒に取り組んだ。そのような取組を通じて、教室に入らない生徒は激減し、校内は落ち着いていった。

2016年度は市からユニバーサルデザイン教育の研究指定を受けた。これも前年度と同様、誰でもできることを心がけ、教室の環境整備に力を入れた。前年の挨拶運動と同様に教師全員で取り組むこととしたが、従わない教師もいた。そのような教師の教室に対しては、教頭と一緒に教室前面の掲示物を剥がしに行くなど、少々強引な手法も取り入れるようになった。掲示物の経緯をF校長は次のように語っている。

「私が校長として赴任してから3年目までは、教員側に管理職にやらされたという感があったと思います。典型的なのはユニバーサルデザインで、黒板の周りの掲示物は全部外してくれと言っても、うんともすんとも動かさないんですよ。最後、強権で、教頭と私が全部外しに行きました。頼んでも頼んでも外さないので、『行こう』と言って教頭と二人で予告して。その頃はまだ押しつけでしたけど、何となく学校が落ち着いてきてるなという実感を教員はもったと思います」

２０１７年度にＴ中学校は市のＩＣＴ研究指定を受ける。

「ＩＣＴのパイロット校に手を挙げるときも、職員会議で喧々諤々があって。国語科は読んで書くのが国語だというので強烈な反発がありました。社会、理科、英語は最初からぜひ手を挙げてくださいという感じで、数学はちょっと迷ってました。だけど、導入に前向きな意見が多くて、それでパイロット校になったのが大きいですかね。それでやったら、先生たちがやっていることにプライドをもつようになったと思います」

Ｆ校長はこれまでの取組同様、ＩＣＴ活用においても、全員ができる方法にこだわり、教師には「生徒のノートを写真に撮り、プロジェクタに映す方法に取り組ませた」。授業にＩＣＴを使用することで「生徒が顔を上げて聞くようになった」「反対していた教員が変わった」という。Ｆ校長はこの年あたりから手応えを感じるようになり、翌年度にはＩＣＴパイロット校として多くの視察を受け入れるようになった。

ＩＣＴの研究指定を契機にして職員同士のコミュニケーションが活性化した。ＩＣＴの使い方について、「あれってどういうふうに使ってたの？　って聞いたりとか、ベテランの先生も若い先生に使い方聞きはったりとか」教師同士で情報交換をする姿が見られるようになった。

２０１９年度よりＴ中学校はカリキュラム・マネジメントに取り組んだ。契機は、２０１８年にＧ教諭が前年度に視察したＩＣＴ推進校がカリキュラム・マネジメントに取り組んでいることに感銘を受けたことだ。

「ホワイトボードに問題解決力とか何かタグが貼ってあったんです。あれ、何だろうなと思って担当の△△先生にお話を聞いたら、『○○中学校の10のスキルというのがあるんです。それを授業の中で育成していきましょうという取組をしてるんです』という話をされて、ああ、これだったらうちでもできるかな。そういう力をつけるということだったらどの教科でもできるんじゃないかということで。で、その報告を校長先生にしましたら、校長先生が『次はカリキュラム・マネジメントや』

って」（G教諭）

Ｔ中学校ではまず、目指す生徒像を教師集団でつくることに取り組んだ。それが「８つの目指す生徒像（自己決定力、調整力、想像力、思考力、先を見通す力、判断力、実行力、社会貢献力）」であった。

２０２０年度は、学年ごとに育てる力を「８つの目指す生徒像」の中から３つに絞り込んで総合学習に取り組んだ。

「全部、同じ学年、同じクラス、同じテーマでやったんですね。クラスの10大ニュースを考えようっていう。そこで自己決定力とか、その学年の力をつけるというところをメインにやったんですけど、それをやっぱ、そういうふうな姿が子どもたちに見れるような授業の設定というか内容にしていたというところに（教師たちの）変化を感じました」

この年度は学年ごとに育てる力を三つに絞り込んで総合学習に取り組んでいた。上記のG教諭の語りは、総合学習の授業そのものではなく、教師集団の意識の変容に注目している。各教師のエージェンシーを尊重するG教諭の姿勢が、教師集団の信頼とカリキュラム・マネジメントへの取組の深化につながったのではないかと思われる。教師の変容を示すエピソードを求めたところ、次の例を紹介してくれた。

「どっちかというと『研修、面倒くさーい』と言いはるんかなという感じの先生がいるんですけど、その先生から『このカリキュラム・マネジメントって何かわからへんかったけど、研修を受けると、あ、こういうことをやりたいとか、こういうことやっててよかったんだというふうな確認とか、実感がもてるから、いいなって思った』って言ってもらいました」

２０２１年度は学年ごとに三つに絞っていた育てる力を、学校全体で共通しようと話し合い、自己決定力、調整力、社会貢献力とまとめ、とくに調整力に焦点化した授業づくりに取り組んだ。

同年10月に公開された授業では、数学では魔法陣、理科では保冷材など、生徒の興味を引く教材が提示されていた。教材の作り方は教科によって異なっており、各教師が独自に考察した跡が見られる。その過程を尋ねると、夏季休暇中の校内研修で協議したとのことであった。まずは公開授業する教師がそれぞれ授業レシピを作成し(「20分ぐらい取って作成した」と語っているので、それほど時間をかけさせたわけではない)、その後、「各教科で集まって、授業者がこういう授業をやりますという発表をする。そして公開授業をする先生のものを見てもらって、参加者を交えてその授業についての話合いをする時間をもちました」とのことである。

２０１５年度から２０２１年度にかけてのT中学校の変容は、一貫してF校長のリーダーシップによると解釈できるが、F校長は学校の変容に伴って異なるリーダーシップを発揮している。F校長のそれは、構造の再帰的変容の枠組みで説明することが可能である。

２０１５年度の学校改革に向けた取組は、校長一人のものであったと言っていい。校長が単身で教室に入らない生徒に向かっていった。そうしないと校内が落ち着かない状況にあった。２０１６年度のユニバーサルデザインへの取組は、教頭と二人で掲示物を剥がしに回るなど、少々強引な手法を使っている。２０１７年度のＩＣＴ研究指定も校長主導だ。職員に反対の声があったにもかかわらず、校長主導で研究指定を決定している。

Ｆ校長の学校改革は、当初トップダウン的なものであったが、校内が落ち着き、職員間のコミュニケーションが活性化すると、学校の構造（職員間の見えない高い壁、教師と生徒の信頼関係の欠如など）が変容し、職員のやる気（エージェンシー）が増大している。構造の変容に伴って校長の戦略は、学校の構造そのものに焦点をあてた戦略（校内の掃除やユニバーサルデザイン）から、教師集団のエージェンシーに焦点をあてた戦略（ＩＣＴ研究指定やカリキュラム・マネジメント）にシフトしている。

エージェンシー論では、校長のトップダウン的リーダーシップでも結果として教師のエージェンシーが発揮されれば、ポジティブにとらえることとしている。自主性・自律性という言葉では、行政機関 対 学校、管理職 対 教師という、権利や権限の対

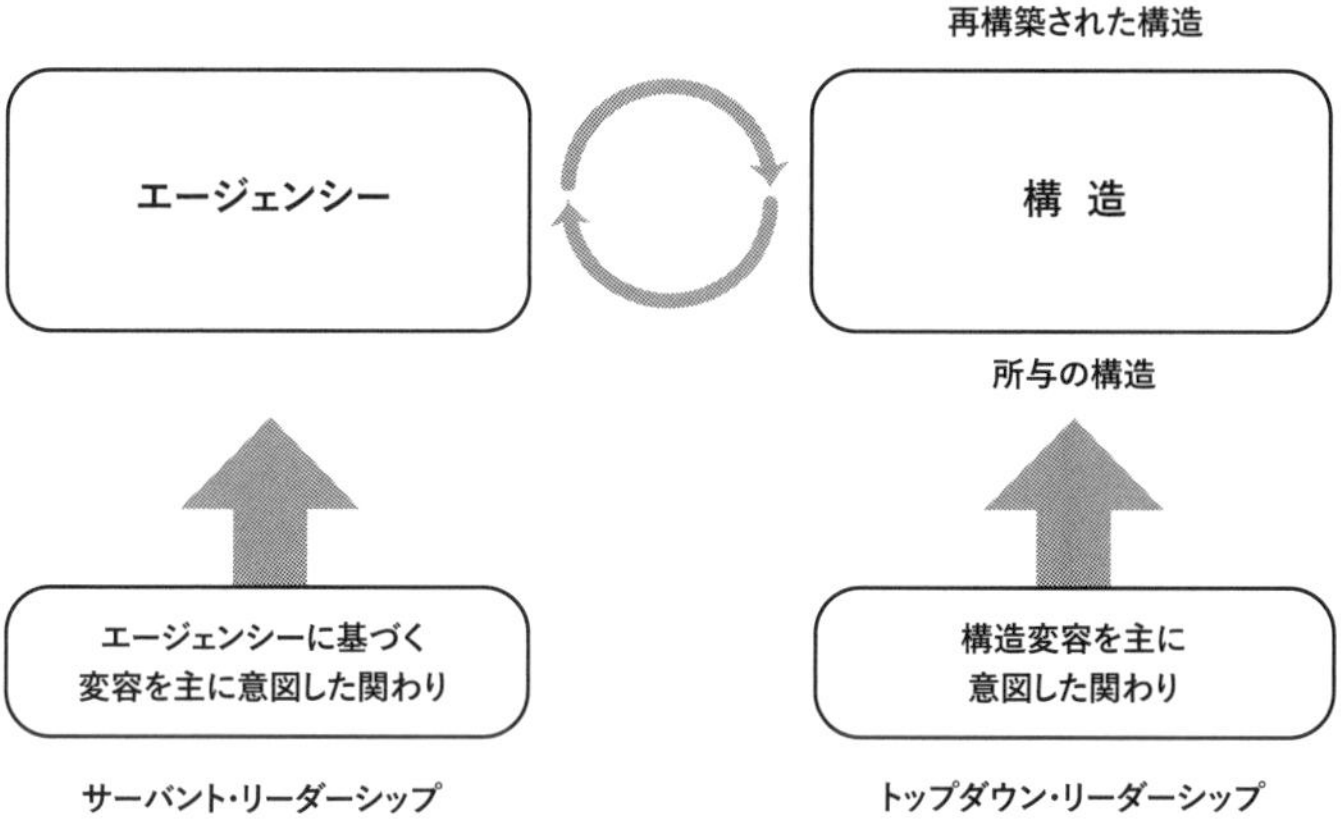

図18　T中学校の構造変容とリーダーシップ

立構造に視点が向く傾向にある。対してエージェンシーは、現実の文脈の中で結果として成立する自主性・自律性に焦点をあてている。

プリストリー（２０１５）は「すべての教育問題において教師を唯一の決定者と見なしたがる教師の自主性・自律性の解釈とは区別されるべき」との考え方を出発点にしている。出発点がトップダウン的なものであっても、結果としてエージェンシーが発揮されることがあるのである。

Ｆ校長のリーダーシップはまさにそのようなものであった。トップダウンアプローチでも、教師のエージェンシーが無視されれば成果は現れない。校内の荒れの克服とユニバーサルデザインに取り組んだ時期のT中学校は、F校長のトップダウン・リーダーシップを受けて教師集団の構造が個業体制から協働体制へと変容し、教師のエージェンシーが増大した。ICT研究指定とカリキュラム・マネジメントに取り組んだ時期のF校長のリーダーシップは、個々の教師のエージェンシーを尊重するサーバント・リーダーシップに変容している。教師集団は自らのエージェンシーでICT活用方法や育てる子ども像に関する構造を変容させていった。

前節のM小学校のY校長は、学校の所与の構造に影響された職員のエージェンシーを尊重した。Y校長のリーダーシップは基本的にサーバント的なものである。T中学校F校長は、当初トップダウン的なリーダーシップを発揮していたが、学校の構造変容に伴い、サーバント的なリーダーシップにシフトしていった（**図18**）。

サーバント・リーダーシップとトップダウン・リーダーシップ

エージェンシーと構造を往還的にとらえるモデルを使用すると、サーバント・リーダーシップによる学校経営も説明できる。住田昌治『「任せる」マネジメント』（2020）は、サーバント・リーダーシップによる学校改革の事例報告の書である。

住田は教師が任された範囲で、自分で勝手にやることの意義を説いている。「何かにとらわれている、縛られている、見張られている状況では、教員それぞれのよさを発揮したカリキュラムを編成することはできません」と語っているのが、まさにエージェンシーの考えである。住田論は単に教師に任せることだけを主張しているのではない。ビジョンの共有、本音を語れるなど、組織運営に必須の要素は押さえている。

住田は、トップダウン・リーダーシップにおいては自分がやっていたことやできていたことを引き合いに出して、「こうやればできるはず」「なんで、言った通りにやらないの？」「できないなら、やめてもいいんだよ」「私がやるから、もうやらなくてもいい」などと圧力をかけるようになると批判している。

トップダウン・リーダーシップは否定されるべきものなのだろうか。エージェンシーを無視した、指示命令だけのリーダーシップであれば、無論否定されるべきものであろう。だが、前節で考察したように、学校改革のとくに初期段階においては、トップダウン・リーダーシップが有効に働く場面は多い。教師文化は既存の構造を維持しようと考える保守的傾向にあり（ローティ、１９７５）、その状況で教師のエージェンシーを尊重するだけのリーダーシップを発揮すると、学校の組織構造が変わらない可能性がある。そうであるが故に、住田論は心理的安全性や同僚性とビジョンの共有過程を大事にしているのだが、それはトップダウン・リーダーシップによる学校経営でも同様である。

私は、住田が校長を務めた横浜市立永田台小学校、日枝小学校をともに訪問している。いずれもサーバント・リーダーシップによる職員の明るさが印象的だった。

だが、２０２１年７月に日枝小学校を訪問した際は、職員も子どもも明るくてのびのびと活動しているのだが、一部の教室で板書の字が整っていなかったり授業が知識偏重となっていたりなど、授業に課題があることが気になった。他の校長であれば、そこで授業改善の必要性を感じ、授業研究会を増やしたり外部講師を招聘したりするなどの対策を講じるであろう。だが、住田はそのような対策を講じることなく、職員に任せる方針を維持している。

私は同校を２０２２年3月に再び訪問した。すると、前回の訪問時に気になっていた教室で板書や授業方法が改善されていたことに気づいた。住田は私の指摘を受けても、職員に任せる方針を堅持し、職員の自己改善の努力で授業が変わっていった。これがサーバント・リーダーシップの威力か、と驚いた記憶がある。

住田校長の学校は、増大した教師エージェンシーによって学校の構造が変わったと解釈できる。個々の教師は自らのエージェンシーのもとで授業改善に取り組むため、授業改善の様子は教師により異なることになる。改善された授業の方向性が一斉講義形式のもの、子どもの対話活動を活用したものなど異なっていることもかまわない。改善された授業の様子は、研究指定校の取組に比べると学校全体の統一感に欠ける。しかし、教師たちは明るく自らの授業づくりに取り組んでいる。そのような学校経営の在り方もあっていいのではと思う。

授業改善をめぐるトップダウン・リーダーシップとサーバント・リーダーシップの違いは次のように説明できる。

研究校と言われる学校は授業力向上の構造がすでにできている。赴任した若手教師は研究校の授業研究システムの中で教材研究と指導案検討を重ね、先輩教師や外部講師との交流を通じて授業のデザイン力と授業力量を高めていく。日本の授業研究を世界レベルで知らしめているのは研究校モデルを基盤としている。

ところが、多くの学校がそのような構造を構築できず、子どもの主体性を尊重して対話的な学びを織り交ぜながら深い学びを構築できている教師がいる一方で、知識偏重の講義形式の授業、子どもと教師の関係性が構築できていない教室、子ども同士の支え合う関係ができていない教室などが混在している。

そのような学校に赴任した校長は、なんとか研究校の体制（構造）にしたいと考え、さまざまな戦略を練る。前節のＴ中学校のように研究指定を受けるのはよく採られる戦略だ。

トップダウン・リーダーシップで学校の構造が変わった例をもう一つ挙げよう。私が台東区立根岸小学校を訪問したのは２００１年のことだ。当時の小島宏校長の話を伺って学校経営の王道と感じ、私が編纂することとなった『授業力向上実践レポート』（２００８）に同校の変革過程の執筆をお願いした。小島校長の原稿は赴任した２校の学校経営について書かれている。

１校目の東京都西部の小学校では、赴任初年度から研究指定を受けることを提案した。その学校では、それまで低・中・高学年ごとに研究授業を一回程度して、それを研究紀要にまとめる程度の校内研究を実施していた。教師たちは驚き、賛成派少数（7人）、反対派多数（21人）となって、その後、議論が延々と続くことになった。小島校長は「教員の90％以上の理解を得たかった」ので、粘り強く進めた。校長の職務命令あるいは強い指示によって方向づけることはせず、時間をかけ、教師集団の意識を変えることに重きをおき、話し合いを重ねた。教頭は「あなたの反対する気持ちはよく理解できます。では、どうなれば、校内研究をしてもよいということになるのですか？」と職員室で、廊下で、印刷室で、教師たちに問いかけ、可能な改善は即行った。そして、７月の職員会議で「もう反対する理由が見つからない」という状況のなかで、全員一致で研究がスタートできた。

2校目の根岸小学校は長年研究校として知られていたが、小島校長が赴任したときの同校は「優れてはいたが無難な研究に安住していた」状況であった。そこで、国の研究開発学校の指定を受けることにした。教師集団は当初、開発学校として研究に取り組むことに積極性は感じられなかったが、ここでも校長と教頭による粘り強い説得を通じ、全員一致で指定を受けることに決定した。

小島校長が赴任した2校はともに、研究指定を受けて以後の流れは順調であり、研究校としての体制（構造）が定着している。小島校長は2校において同じように学校の既存の構造を問題視し、構造改革に取り組んだ。その際、教師集団の同意を得ることを最優先しているところに、教師エージェンシーを尊重する態度を読み取ることができるが、基本的にトップダウン・リーダーシップを発揮して学校の構造を変えている（千々布、２００８）。

ここまでの解説で、教師のエージェンシーは学校の構造と相互作用しているために変容しにくく、漸進的に変容していくものであること、学校によってはトップダウン・

リーダーシップが有効であることが了解されるのではないか。

その考え方の延長線上にマイケル・フランのポジティブ・プレッシャー論が位置づく。フランのポジティブ・プレッシャー論は、教育行政機関が学校や教師のエージェンシー発揮を目的としたトップダウン型リーダーシップが有効であることを示している。フランの考えを次章に示す。

TEACHER'S PHRONESIS

第 7 章

学校のエージェンシーを促進するポジティブ・プレッシャー

フランとハーグリーブスの対立

マイケル・フランはカナダのトロント大学教育学部長および同大オンタリオ教育研究所長を務めた研究者兼コンサルタントである。２００３年から10年間、オンタリオ州知事の特別政策顧問を務めている。

私がマイケル・フランに関心を抱いたのは、アンディ・ハーグリーブスが『専門職としての教師の資本（原題名：プロフェッショナル・キャピタル）』（２０１２）の翻訳刊行を記念して来日し、彼と懇談した機会である。フランはその書の共著者であるから、ハーグリーブスと一心同体なのだろうと思っていたらそうではなく、二人はよく対立していたそうである。ハーグリーブスは教師の自律性と同僚性を重視しているのに対し、フランは行政施策を重視しているから対立する文脈がわからないではない。

考えの対立を通してプロフェッショナル・キャピタルのアイデアが生まれたと考えると、それまでハーグリーブスの文章ばかりレビューしていた私は、フランの文章もレビューすることとした。フランを読むと、確かにハーグリーブスの考えと異なっていることはよくわかった。むしろ、二人が仲良く交流しているほうが不思議に思えてくる。

教育改革を成功させる要素

教育改革はネガティブな文脈で語られることが多い。とくに１９８０年代の新自由主義改革の一環として実施された諸改革は、学校を萎縮させ、成功に結びついた改革はほとんどないと評されている（サラソン、１９９０／フラン、１９９４）。

ハーグリーブスとシャーリー『グローバルな第４の道』（２０１２）は、教育改革の流れを４段階に分けた。第１段階は公教育の量的拡大期。第２段階は新自由主義による教育改革期。第３段階はスタンダードによる公教育の水準上昇を目指した時期、第４段階が学校の主体性を尊重する時期である。『グローバルな第４の道』では第３や第４の改革には成功例があるものの、第２段階の改革は基本的に学校や教師を不信の目で見て競争原理で変えようとしており、成功例はほとんどないと語っている。

第２段階の新自由主義改革への批判は欧米でも日本でも共通している。しかし、教育行政がどうすればよいかについての見解が、欧米と日本で分かれているようだ。日本では教育行政は学校への物的財的支援に限定し、教育内容に踏み込んだ指導や支援は学校や教師の教育権を侵害するという見方が多い（そして教育行政にいる側の人たちは学校や教師集団に任せることの危険性を訴えている）。

対して欧米では、教育内容面でも教育行政が適切な指針を示す必要性を指摘する研究が多く生み出されている。ＯＥＣＤの Education2030 などはいい例だろう。これは日本の学習指導要領に該当する文書である。学校が自律的に学校経営に取り組み、カリキュラム・マネジメントに取り組むためには教育行政機関のマネジメントと教育内容に関する支援が必要だ。その点に関するダイレクトな先行研究がアメリカでは積み重ねられている。

マイケル・フランは教育委員会施策を研究している研究者の一人である。フラン（１９９４）はトップダウン型の改革もボトムアップ型の改革もうまくいかないと語っている。トップダウン型の改革がうまくいかない事例が多いことはよくわかる。だが、ボトムアップはどうであろうか。テーラーとテディ（１９９２）は学校に基盤を置いた学校経営のパイロット校と非パイロット校を比較調査したところ、パイロット校では教師の意思決定参加率は高かったが、教師同士の協力体制に違いは見られなかった。

ワイス（１９９３）は意思決定を教師集団と共有するシステムを取り入れている学校と、取り入れずに学校管理職のみが意思決定している学校を比較調査した結果、共有意思決定システムを取り入れている学校の教師は意思決定プロセスに言及する傾向があるものの、カリキュラムへの関心は両者の学校で差がなく、低いものであった。

トップダウン改革もボトムアップ改革もうまくいかない。では、学校を変えることは不可能かというとそうではない。フランは改革に成功した学区や学校の事例を調査し続けており、その成果をもとに州や学区のコンサルタントを行っている。

フランの代表作は『教育変革の新たな意味（The NEW Meaning of Educational Change）』になる。１９８2年に初版が刊行され、現在第5版（２０１６）が刊行されている。版を重ねるごとに最新の教育改革事例と教育改革に関する研究成果を取り込み、内容を改訂している。最新の第5版では「変革を成功させるための要素」として次の6項目を提示している。

1、ギャップを縮めることを包括的な目標として定義する
2、成功する戦略はすべて、行動指向のものである
3、能力不足が初期の問題であると想定し、継続的に取り組む
4、リーダーシップを活用し、よい方向性を継続させる
5、外部の説明責任と連動した内部の説明責任を構築する
6、ポジティブ・プレッシャーを進化させるための条件を整える

第1の項目についてフランは「成績の高い者と低い者（男子、女子、エスニック・グループ、貧困層、富裕層、特別支援教育など）の間の格差を縮小することが、非常に多くの社会的影響をもたらす」ことをこの方針の必要性として挙げている。日本でもこの方針を掲げる教育委員会は多い。

田中博之ら（2011）が行った全国学力調査の追加分析で、都道府県としての平均点が高いのは学校間格差が小さくどの学校も平均的に高い水準を示している場合で

あること、都道府県としての平均点を高くする最大の要因は、下位の平均点を示す学校の割合を低くすることであることが示されている。私が学力上位県である秋田県、福井県、石川県の学力施策を分析した結果も同様の結論になっている（千々布、２０１７）。

第２の項目は理念よりも行動が重要という意味だ。フランは私たちが必要とする変化を達成する唯一の方法は、教室での実践を改善することに集中することだと語っている（フラン、２０１６）。日本の文脈で「共通理解」ということばが語られる場面は多い。共通理解されているように見えて、実際はそれぞれの教師が異なる解釈を行っていることがある。フランは理念よりも行動ベースで変容することが文化を変容するためにも重要と考えている。

第３の項目は能力や意欲、信念が多様な職員をいかに同僚集団としてまとめるかが管理職の課題となることを示している。ナイら（２００４）は、学校の教育力の格差と学校内の教師間の教育力の格差を比較すると、後者が大きいと結論づけている。フランはこの項で職員の能力開発の必要性を訴えている。第２の項目とも関連させ、能力開発によってまずは行動を変容させ、次いで信念が変容することを目指している。

第4の項目は管理職とミドルリーダーを含めたスクールリーダーの重要性を示している。リーダーの役割とは授業改善や生徒の学業成績の上昇に加え、次のリーダーを育成する役割のことだ。校長の在任期間終了時の主な評価は、生徒の学業成績というボトムラインへの影響だけでなく、同様に、校長がさらに上を目指せる優秀な教師をどれだけ多く残せるかである。

第5の項目における内部説明責任とは、職員の納得感である。アカウンタビリティの語はデータを使用して外部に学校の教育力を説明しようとしている。その外部説明責任を組織改善に結びつけるためにも、職員がデータを主体的に解釈し、納得することが重要と指摘している。日本で外部評価制度が導入された時期に、外部評価を機能させるためにも自己評価が重要と議論された文脈と同様である。

第6の項目におけるポジティブ・プレッシャーとはフラン論の鍵となる概念である。それは「やる気を起こさせる圧力」であり、「政府から学校へ、あるいはその逆へと、双方向に働く圧力であり、公正で妥当と見なされる圧力である。非常に困難な状況に直面しながらも、一部の学校の成績が芳しくない場合、政府はより大きな能力開発に投資する責任がある。学校は、より多くの資源を受け取れば、改善へのプレッシャーを感じるはずである」と書かれている。この考え方については次節で別稿を参照しながらフランの考え方を掘り下げていく。

ポジティブ・プレッシャーとは

ポジティブ・プレッシャーの要件についてフラン（２０１０）は、次の２つを挙げている。

①やる気を起こさせるものであること
②システム全体の改善に取り組ませるものであること

この二要件は改革一般に求められるものであるから、これだけではポジティブ・プレッシャーのイメージがわきにくい。ポジティブ・プレッシャーの反対であるネガティブ・プレッシャーの定義を参照すると、フランの意図がより見えてくる。

ネガティブ・プレッシャーについてフラン（２０１０）は、次の5項目を挙げている。

①やみくもな危機感を与える
②手段を選ばない圧力をかける
③懲罰的圧力をかける
④集団思考を求める
⑤勝ち負け競争を強いる

盲目的な危機感や、手段を選ばない高邁な目標が蔓延すればするほど、懲罰的な圧力による締め付けという次の悪いステップが起こりやすくなる。

フラン（2010）は、ポジティブ・プレッシャーの具体例として2003年以降のオンタリオ州自由党政権における教育改革を紹介している。自由党政権は発足直後に識字能力と数学に焦点化した目標を設定し、州基準を達成する第6学年を54％から75％にすること、高校卒業率を68％から85％にすることとした。新しい施策では目標達成を求めると同時に教員研修の機会など学校を支援する施策を充実させた。2003年から2011年までの取組により、目標を達成することのできた子どもは54％から70％に上昇し、高校卒業率も68％から82％に上昇したから、一定の成果をあげたことになる（千々布、2021）。

自由党政権はその目標の実現のため、州知事を議長として大臣等が参加する「指導会議」を設置し、学区や学校における州目標の進捗状況に絶えずプレッシャーをかけた。州の施策の下、識字率と計算能力が向上した学校を「動き出した学校」と認定し、動き出した学校に学ぶ他の学校まで含めて資金が提供された。

オンタリオ州の施策は資金提供だけでない。学力の達成度について前年と今年の比較、同じような状況にある他校との比較など、学校の状況を把握するデータが州政府から提供される。このデータは学校の評価に使われることはない。学校が自校の状況を把握するために使用されている。

オンタリオ州の施策は、達成目標の設定、目標達成に向けた社会関係資本（学校間パートナーシップ）の構築、学校の自己評価に資するデータの提供とまとめることができる。この施策は、私がこれまで関わった日本の学力上位県や学力上昇県が採用している施策と共通する。

秋田県と埼玉県のポジティブ・プレッシャー

フランがポジティブ・プレッシャーの事例として紹介したオンタリオ州の施策は、私が長年追究し続けている秋田県の施策に似ている。秋田県のポジティブ・プレッシャーの推進者は、１９９７年から２００６年まで教育長を務めた小野寺清である。小野寺は県独自の学力調査を開始し、そこから課題が見られる学校を選定して教育長自ら学校訪問するようになった。小野寺の学校訪問の様子は、フリーライターの太田あやによる週刊誌記事「秋田県、学力の奇跡」（２０１５）に詳しい。

「私が教室に入ると、突然、椅子をガタガタいわせてグループ討論が始まる。次の教室に行くとまたガタガタとグループ討論。プールの授業では、私が到着すると同時に生徒が一斉に飛び込むんです（笑）。教育長が来るからって、日常の授業を見せるかわりに、その場しのぎの芝居を打つんですよね。当初はそんな学校もありま

した」（小野寺）

視察後、校長室からは小野寺の「何やっているんだ！」という怒鳴り声が鳴り響くことになった。

小野寺の施策はネガティブ・プレッシャーに近いものだったかもしれない。それが今日まで続く秋田県の組織文化の変容までつながったのは、小野寺の下で働いた歴代の義務教育課長が学校寄りの姿勢を堅持していたからではないかと思われる（千々布、２０１４）。

小野寺は義務教育課長の席まで赴き施策のアイデアを語ることが多かった。それに対し、義務教育課長は現場の状況を根拠に反対することもあったそうである。その点について私が小野寺にインタビューしたところ、「課長を教育長室に呼んでそこで議論すればいいんだが、指導主事たちを納得させようと思って、あえて自分から義務教育課に行って課長と議論していた」そうである。県教育長と歴代義務教育課長の組み合わせで秋田県下の市町村と学校は徐々に意識を変容させていった。

私は秋田県の教育関係者と交流するようになって10年以上になるのだが、彼らの考え方が他県と異なっていると感じている。多くの教育委員会関係者が首長や教育長などの意思決定権者、意思決定に影響を行使する団体の意向を気にしているのに対し、秋田県では学校や教師のことを考えている。もしやそのような構造が以前より秋田に存在していたのではないかと推測している。

秋田県は県教育委員会のポジティブ・プレッシャーによって自らの構造を学校のエージェンシーを尊重するものに変えていったと思われる。

埼玉県は２０１５年からＩＲＴ（項目反応理論）を活用した県版学力調査を開始した。調査が開始された２０１５年以降、埼玉県の全国学力調査の平均点は上昇を続けており、国語と算数・数学の平均を合計した都道府県ランキングは小学校で２０１５年42位から２０２３年13位まで、中学校で２０１５年36位から２０２３年8位まで上昇している。

埼玉県は県版学力調査に最も精力を注いでいる。従来型学力調査に比して伸び率を測ることができるという強みがあるが、伸び率は従来型学力調査で測ることは不可能ではない。ある県は県版学力調査と全国学力調査の市町村別学校別伸び率を、県平均を母数として算出している。簡易的な偏差値である。母集団が大きいので分散がほぼ一定であるから、それほどおかしな数値というわけでない。それで学校別の伸び率を示すことができるのだから、億単位の予算をかけてＩＲＴ調査を実施しなくてはならない必然性がない――私はそう思っていたが、埼玉県の全国学力調査平均点の推移は、私がこれまで関わってきたどの県よりもスムーズな上昇曲線を描いている以上、埼玉県施策の有効性を認めざるを得なかった。そこで、改めて埼玉県の施策をさぐってみることとし、教育事務所による学校訪問に同行した。

見えてきた埼玉県の施策は、従来から秋田県同様に教育事務所による学校訪問を行っていること、その際に県版学力調査のデータを活用していることであった。

県教育委員会では県版学力調査のデータから伸び率の高い学校を把握できている。そのような学校における授業や学校経営の特徴を把握し、県主催の協議会等で伝えると同時に、学校訪問時にその学校の特徴に応じた指導を行っている。訪問時における指導主事の助言内容は秋田県で参観したのと同様に教科力量の高さを感じさせるものであった。つまり、埼玉県は秋田県と同様の学校訪問を行っていても、以前はそれがポジティブ・プレッシャーになり得ていなかったのが、県版学力調査のデータを使用

表3 オンタリオ州、秋田県、埼玉県の施策

オンタリオ州	秋田県	埼玉県
指導会議が学区や学校の状況を把握	県教育長による学校視察 教育事務所による学校訪問	教育事務所による学校訪問
各学校の学力等のデータを提供	県のホームページを通じ、単元評価問題等の達成状況を自己評価	県版学力調査で各学校の伸び率を算出して情報提供 伸び率の高い学校の取り組みを他校に紹介
成果を上げている学校やそれらの学校に学ぶ姿勢のある学校に資金提供	ふるさと教育で学校に100万円の予算配分	県版学力調査に多大な予算措置

しながら指導するようになってポジティブ・プレッシャーとなり得たことが、埼玉県全体の学力上昇を引き起こしていると考えられる。

以上のオンタリオ州、秋田県、埼玉県の施策をまとめると、次のようになる（**表3**）。ポジティブ・プレッシャーを与える機関や機会の存在、各学校が自校の状況を把握できるデータの提供、学校が自己改善するための予算措置が共通していることがわかる。

三つの自治体に共通するのは、ポジティブ・プレッシャーを通じて学校のエー

ジェンシーを活性化していることである。学校を変える鍵は、教育委員会の学校訪問であると、私は長年主張し続けてきた。今後はポジティブ・プレッシャーを与えることが鍵だと語ることになるだろう。

フランがなぜ対立していたハーグリーブスと協同して『専門職としての教師の資本』を執筆するに至ったのか。ハーグリーブスは教師集団の同僚性、フランは教育委員会施策に関心があったが、いずれも学校のエージェンシーを高めることが鍵であることは共通していたからであると考えられる。

TEACHER'S PHRONESIS

第 8 章

教師のフロネーシスをどう促進していくか

フロネーシスとプロフェッショナル・キャピタルの関係

教師のフロネーシスをめぐる私の思索は、教材研究（第2章）、教育観の省察（第3章）、問題解決思考（第4章）、コーチング（第5章）、エージェンシー（第6章）、ポジティブ・プレッシャー（第7章）の視点を経て、最後の到達点に向かおうとしている。

すべてがつながっているということだ。教材研究だけ、教育観の掘り下げだけでいけないというのはここまでの流れで了解されよう。教師に省察を促す一番の手法はコーチングだが、教材研究において教えるべきところは教えないといけない。教材研究や教育観の掘り下げや省察は個人でも可能だが、学校の組織全体で取り組むことで大きな成果が出る。学校の組織全体が良好な人間関係を維持し、共有した教育観を目指していくために組織の問題解決に取り組む必要がある。学校は自らの問題解決に自分たちだけで取り組むことは困難であり、教育委員会や外部機関の刺激＝ポジティブ・プレッシャーが必要ということだ。

私の結論は、ハーグリーブスとフラン『専門職としての教師の資本（原題名：プロフェッショナル・キャピタル）』（２０１２）と共通する。ハーグリーブスらは教師の個人的力量（ヒューマン・キャピタル）は、自ら思考することの積み重ね（ディシジョナル・キャピタル）と学校の組織文化（ソーシャル・キャピタル）が関連し合っているという図式を示した。フランの考えは、学校のプロフェッショナル・キャピタルを促進するのに外部からの刺激が必要ということになる。

本書が焦点をあてたフロネーシスは、ハーグリーブスらのディシジョナル・キャピタルに該当する。学校教育の改善のためにはディシジョナル・キャピタルだけではなく、ヒューマン・キャピタル、ソーシャル・キャピタルがそれぞれ関連しているのだが、ディシジョナル・キャピタルが最も重要であり、それは一つの思考でなく、多様な思考（教材研究、教育観の省察、問題解決思考）が存在していることを本書は示した。

本書の枠組みは吉本均や吉崎静夫などによる教師の力量に関する先行研究と通じる。第2章では吉本、吉崎論を教材研究にのみ焦点化して紹介したが、両者とも教材研究だけが教師の思考ではないと主張している。吉本は教師の力を授業の準備段階と授業の最中における構想力と整理しており、授業の準備段階における構想力の一つとして教材研究を示している。吉崎は教師に必要な力はアクターとしての力とデザイナーとしての力であり、デザイナーとしての力の中に教材研究が含まれている。

本書は学校改善や教師の成長に教師エージェンシーが強く影響していることを示した。これがフランのポジティブ・プレッシャー論につながる。教師エージェンシーの考えは、単に教師の主体性を尊重すればいいというものではない。教師の主体性を尊重した結果、教師集団の保守性や個業性が再生産される可能性が高い。そのような負の構造が再生産されることを防ぎ、新たな構造を生み出そうとするのが、フランのポジティブ・プレッシャー論である。

ポジティブ・プレッシャーはともすると、教育行政がもつ権力性と結びついて教師を強引に従わせるネガティブ・プレッシャーになる。第2章で教材研究の意義を説きながら、指導者がトップダウン的に若手教師に教材研究の指導を行うことの危険性と、共同注視の姿勢の重要性を説いたことと同じ問題である。フランがハーグリーブスと対立したのは、ポジティブ・プレッシャーがネガティブ・プレッシャーになる可能性の解釈の相違であろう。

ハーグリーブスらのプロフェッショナル・キャピタルについて、何がヒューマン・キャピタルで何がディシジョナル・キャピタルかという質問を受けることがある。これは明確な区分がないと考えたほうがよい。教師が獲得している知識やコンピテンシーはヒューマン・キャピタルに属して、コンピテンシーを獲得する過程の指導案検討などはディシジョナル・キャピタルに属すると考えることができる。しかし、教師がよりアクティブな思考に向かうとき、本人の豊富な知識や力量が影響することは当然であり、それゆえにハーグリーブスは三つのキャピタルは影響し合っているのであり、どれが上位であるわけでないと語っている。

さらに、同時期に刊行されたハーグリーブスとシャーリーによる『グローバルな第４の道』（２０１２）では、フィンランドを分析する際にヒューマン・キャピタル、ソーシャル・キャピタル、ディシジョナル・キャピタルに加え、モラル・キャピタル、シンボリック・キャピタルを掲げている。この点についてハーグリーブスが来日した際に尋ねたところ、なるべくシンプルに考えを伝えようとして三つに絞ったという趣旨のことを語っていた。

エピステーメーとフロネーシスの概念はアリストテレスに依拠しながらも、本書独自のものである。それは彼の生きた時代と今日の文脈が異なるから当然であろうが、アリストテレスがエピステーメー的なものとして想定した、動かすことのできない真理の世界の存在と、フロネーシス的なものとして主体的に考えて判断すべき世界の区分は、アリストテレスの時代にも今日にも共通するはずである。

本書では教師が学ぶべきことは学ぶ＝エピステーメーの学び、教師が考えるべきことは考える＝フロネーシスの学びと区分し、両者を包摂した教師の思考の姿をやはりフロネーシスの語で示している。フロネーシスには狭義のフロネーシスと広義のフロネーシスがある。広義のフロネーシスを別の語にあてはめる選択肢もあったが、このままフロネーシスの語を使用したほうが私の考えが伝わりやすいと考えたところによる。

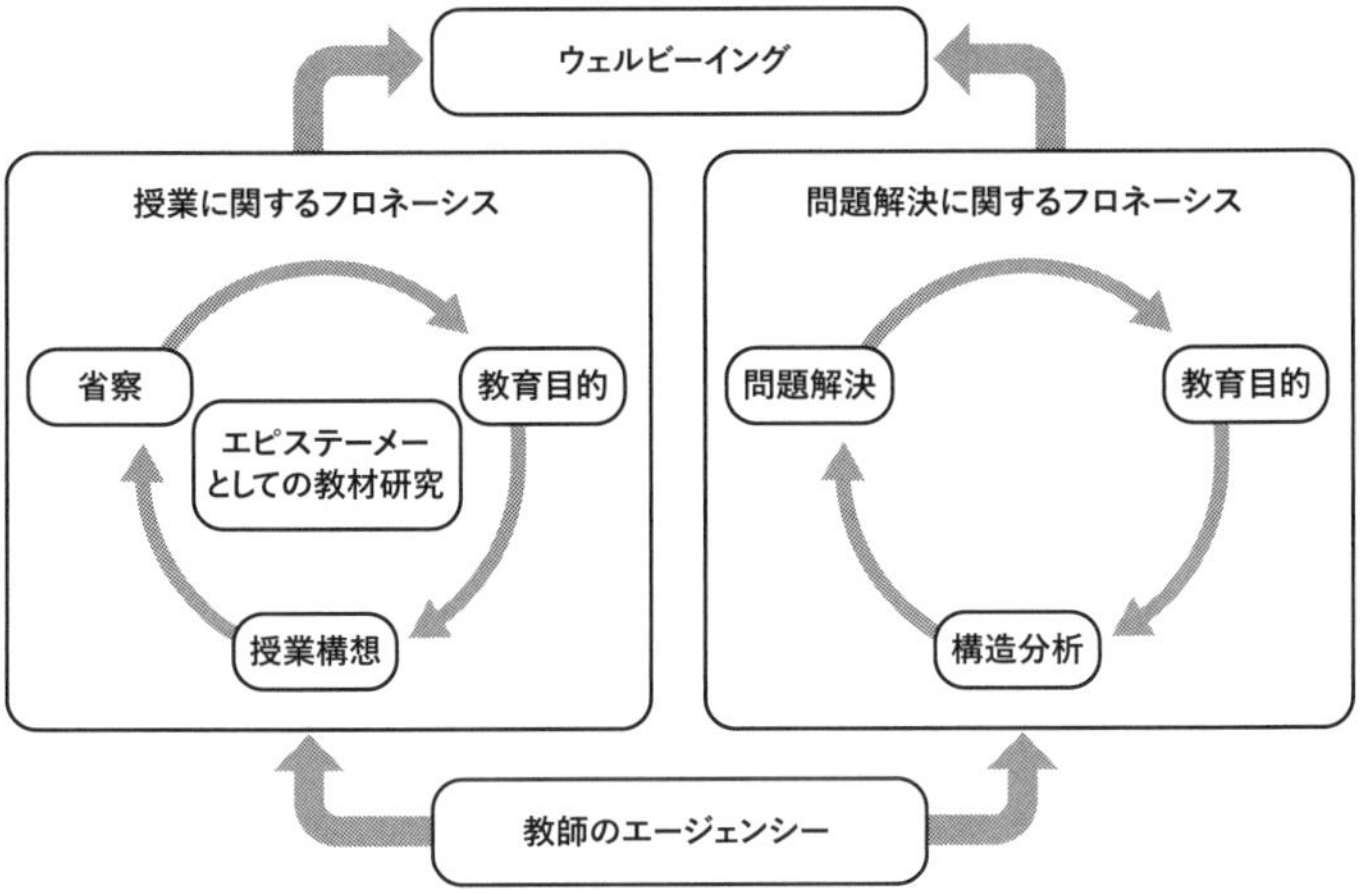

図19　エピステーメー、フロネーシスを通したウェルビーイングの実現

フロネーシスによるウェルビーイングの実現

本書の考えは、第1章で紹介したOECD Education2030 のラーニング・コンパス（**47頁図2参照**）にも通じる。ラーニング・コンパスは生徒の学びについてまとめた図であるが、これを教師の学びに置き換えると**図19**のようになる。

教師は教科について学ぶべきことは学ばないといけない。教科については動かすことのできないエピステーメー的な要素が多大に含まれている。教科の価値は教材研究の営みの中で獲得される。教材研究を進めるうえで、より深く教科のことを理解している指導者の支援を受けることは重要である。しかし、指導者の指導するとおりに考えればいいというわけではない。授業を構想する主体は教師であり、教師が自らのエージェンシーを発揮しながら教科の価値を学んでいくことが重要である。

児童・生徒が獲得する教科の価値を含めたコンピテンシーをどう構想するかが教育目的となる。教育目的について考えるポイントは児童・生徒に獲得させるものが知識にとどまるのか（三角形的授業となるのか）、見方・考え方を含めたコンピテンシーまで広がるのか（四角形的授業となるのか）ということになる。

教育目的を達成するために教師は授業を構想する。授業構想が教科書の解説書通りに進めようとする技術的リフレクションにとどまるのか、子どもの実態に即した実践的・批判的リフレクションになるのかは教師の教材研究と授業目的の深さが影響する。

教師の授業構想通りに授業は進まない。教師は授業の最中においても授業後においても授業における子どもの反応を臨機応変に読み取って省察を重ね、授業構想を練り直していく、さらには自らの教育目的をも深めていく。

一連の教師の省察過程は一人で遂行することは困難であり、同僚と一緒に省察することが望ましい。ところが、教師集団は教育観が一致することはむずかしく、表面的な同僚性が支配する傾向にある。教師集団という組織を共同体まで高めるのに問題解決思考が求められる。問題解決過程には目的の明確化、組織の構造分析、組織としての活動が含まれる。問題解決思考は組織レベルのフロネーシスであると考えてよい。

子どもは教科の価値を獲得するだけで教育の目的が達成されるわけではない。学び方、友達との交流の仕方、道徳性、自らと社会の将来を考える姿勢、教育が目指す世界は幅広い。それを端的に示しているのが「ウェルビーイング」ということばである。

子どものウェルビーイングが実現できている事例としてイエナプランの学校がある。近年は教室を飛び出す子どもや不登校になる子どもが増えている。旧来の学級経営にこだわる教師に授業規律への服従を強いられ、それに適応できない子どもが教室を抜け出し、保健室や校長室に逃げ込んでいる。保健室も校長室も自分の居場所にならないと思った子どもは学校に登校すること自体をやめてしまう。

イエナプランの学校を参観したとき、子どもが自由にのびのびと学びに取り組んでいるのが印象的だった。服装は自由で、帽子をかぶったまま机に向かっている子もいる。教室を出て廊下で学んでいる子もいる。

子どものウェルビーイングを実現できているのはイエナプランの学校だけということはない。不登校児童を対象にした特別教室を設けている公立小学校を参観した際は、その特別教室の子どもたちが通常級の子どもより楽しそうに学習に取り組んでいた様子を観察して驚いたことがある。通常の公立学校でも、一人一台端末を活用して子どもが思い思いの場所で学んでいる学校がある。

全国に設立されつつあるイエナプランでは、入学を希望する家庭が殺到しているらしいが、イエナプランの学校以外でも子どもがのびのびと学習している学校は多い。

子どもに規律を課すことをやめ、自由に学ばせればいいのか。公立学校にはイエナプランを超える見事な実践も数多い。

秋田大学附属小学校副校長の京野真樹が若い頃にNHKの番組「わくわく授業」（2003．10）に登場したことがある。氏が実践した国語の授業を紹介する番組だった。番組では子どもが一枚の写真を文章化する課題に全員で取り組んだ後、京野がそれぞれの子どもに向けて選定した写真を文章化する課題に取り組んだ。学力的に低い子どもはなかなか筆が進まない。そこで京野は写真に現れている一つ一つの光景がどう見えるか、その光景をどう解釈するかを丁寧に質問していった。子どもは京野の質問に答えながら自分の解釈をノートに書き留めた。それをつなげれば作文になった。番組の最後では子どもが「わーい、できた。京野先生に教えてもらってできた」と喜んでいた。

大阪府堺市の小学校教諭・大松澤剛志の教室は、子どもの活気で満ちあふれている。黒板には大松澤の発問「焼け野原だった日本が復興することができたのは、どうしてだろう」とのみ書かれている。その発問に対して子どもは思い思いに自分の考えを板書していく。その板書を見ながら、またそれぞれの子どもが自分のノートに、発問に対する自分の考えをまとめている。そのノートは、同じものが一つもなく、それぞれに子どもが自分の考えをまとめている（**写真３**）。それぞれの子どもが歴史の見方・考え方を獲得していることが伝わってくる。

子どもがウェルビーイングを実現できている教室や学校は、特定のプログラムを導入したことで実現できているのでない。ＯＥＣＤのラーニング・コンパスに示されているように、子どもが自分のエージェンシーを発揮して自ら学びを構築しているときに、ウェルビーイングは実現できている。

子どもはエージェンシーを発揮できればいいというものではない。子どものエージェンシーを尊重して個別最適学習を目指す学校の多くは、市販のワークブックやパソコンのプログラムで子どもを自由に学ばせている。そこで学ぶ内容は単純な知識技能にとどまることが多い。子どもに教科の深い学びを体験させるには、京野や大松澤のように教師が「教える」ことが必要である。

教師のウェルビーイングも子どものウェルビーイングを実現するために必要だ。教師のウェルビーイングに必要なのが、エピステーメーとフロネーシスの学びであり、そこには教師のエージェンシーが尊重される必要性を本書は示してきた。

教師のウェルビーイングを実現するために、学校管理職はどのような経営が求められるのか。基本的に教師のエージェンシーを尊重した、コーチング的な姿勢が求められる。

教師が教科の意義（エピステーメー）を理解するために教科の専門家を指導者として招聘するのもその一環になるが、指導者が自らの考えを押しつける指導をしていると教師のフロネーシスが阻害されることになる。以前であれば教科の専門家がどのよ

写真3　大松澤教諭が指導した子どものノート

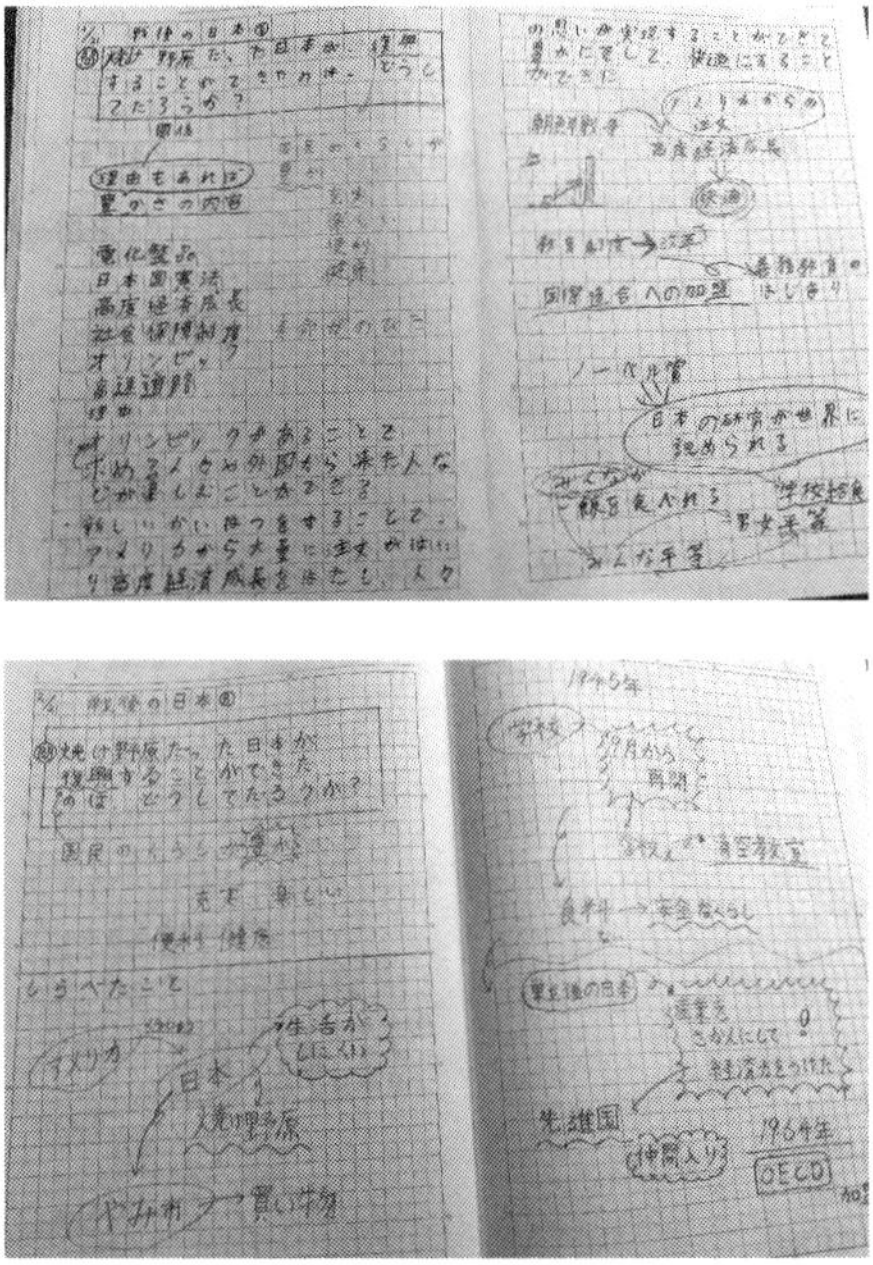

うな指導をしようとも受け止める教師が多くいたが、近年は厳しい指導をするとすぐに研究から逃避したり他校への異動を希望したりする教師が増えている。教職自体から離脱する教師も多い。指導者も学校管理職も教師を支援する姿勢を保ちつつ、教師の授業フロネーシスを促進する関わりが求められる。

教師は自らのエージェンシーを大事にして子どもに向き合う考え方（フロネーシス）を獲得できたときに、教職の達成感や充実感を味わうことができるはずである。

学校のウェルビーイングを実現するために、校長は自らのエージェンシー、教師のエージェンシーを尊重し、学校の状況に応じた思考（フロネーシス）を展開することが求められる。

力のある校長が荒れた学校を建て直す事例は多い。だが、後任の校長が前任の校長の方針を無視したり、あるいはまったく同じようにコピーしようとしたりすると、せっかく改善に向かっていた学校がもとの荒れた状態に戻ることがある。後任の校長は前任の校長時代から学校の構造が変わっているのだから、新たな構造に合わせた学校経営が求められるのに、既存の学校経営方針を維持するだけであったり、あるいはその学校の構造と無縁な方針を個人的な思い込みで導入したりする。結果としてその学校の構造に合った学校経営となっていないために学校が荒れてしまう。

学校を建て直す力のある校長は問題解決に向けたフロネーシスを働かせている。その学校に必要な施策を瞬時に判断し、職員との関係構築と子どもの信頼を獲得しながら、学校の構造を徐々に変えていく。

伝統的な研究校は働き方改革と人事異動方針の変容に伴い、従来型の校内研究体制の維持がむずかしくなっている。校長や研究主任がその学校の構造に合わせた新しい研究体制を構築することで学校は活性化するのだが（研究校にはそのような力量をもつ管理職や教員が赴任する傾向にある）、研究校のＯＢが以前の研究体制に戻すように圧力をかけてもとに戻ることがある。

新しい研究体制がすべて適切であるわけではない。個人の考えで組織構造を変えるのは大変だ。校内の組織成員の合意を少しずつ得ていかないといけない。力のある管理職であるほどに、個人的な思いを強く押し出すことで強引に学校の構造を変えることがある。旧い構造に問題があるのだが、新しい構造にも問題があることになる。私が最近関わっている研究校にはそのような学校が多い。構造を適切に変容させることは困難な事業である。

教育行政も同様である。教育委員会の方針や施策を伝達することは時に必要であるが、それだけでは学校のエージェンシーが促進されない。だからと言って学校の主体性のみに委ねていたら、学校はエージェンシーを発揮することなく既存の構造を維持するだけの学校経営を続けてしまう。フランのポジティブ・プレッシャーのように、学校に適度な刺激を与えてエージェンシーを発揮しながらの学校改善に取り組むことを支援することが、教育行政に求められる。

私がこれまで分析してきた高学力県である秋田県や福井県、学校改善に成功している学校は以上の要素をかなえている。ただし、すべてを満遍なく達成できているわけではない。秋田県において秋田式探究型授業をマニュアルのごとく考えて教師を指導している指導主事はいないわけではない（そのような指導主事の姿を誤って秋田の典型ととらえて自県にもち帰っている秋田県派遣教員は少なくない）。秋田県の指導主事の基本的な姿勢は石井英真が示した共同注視のものである。教育行政がマニュアルを示さずとも、学校単位で授業指針等のマニュアルを作成している学校が、秋田県では少なからずある。これも、授業改善に向けた視点として教師集団にとらえられていたらいいのだが、その学校に赴任した教師に研究主任が「本校の教育はこの指針に従って実施しているので、それに従った授業を行うようお願いします」と語る学校がある。その事例は秋田県内ではネガティブな文脈で語られるのだが、他県から視察にきた教師たちはそれが秋田の強みだと勘違いしている。

全国学力調査の都道府県平均点は格差が小さくなりつつあるが、平均点が低くとどまっている都道府県がいくつかある。そのような都道府県は学力調査平均点が低いことを問題視しない構造があるのだが、近年はそれを議会が許さなくなる傾向にある。そこで教育委員会が中心になって学力向上策を検討しだすのだが、教育委員会は学校の構造を変えようとは考えない傾向があり（つまり校長の意向を過度に尊重している）、学校の既存構造を変えないままの学力向上策はほとんど効果が出ない。

以上に示した学校や教育委員会の事例は、ほとんど私の実体験である。本書に示したフロネーシス、教材研究、教育観の省察、問題解決、コーチング、エージェンシー等の概念は、私が直面してきた学校や教育委員会の問題にどう対処したらいいか、試行錯誤してきた結果生み出されたものである。

本書が示す視点が読者の皆様のフロネーシスを促進しうるものになることを願っている。

あとがき

２０２１年11月の前著『先生たちのリフレクション』刊行から4年がたった。私の思考ペースで新たな構想をまとめるのに、それくらいの時間がかかるのかも知れない（もう少しスピードアップしたいのだが）。

前著刊行後は溝上慎一氏が運営するＹｏｕＴｕｂｅチャンネルで語ったり、教育開発研究所主催で石井英真氏と対談させていただいたりした。溝上氏からは、次の刊行はいつになるかといつもせかされていた。毎年単著を刊行する溝上氏のスピードに対抗しようとは思わないが、少しは見習いたいと思いながら、結局はこれまでどおりのスピード（それでも以前よりは早くなっている）で執筆することになった。

今回の書の執筆にあたって最も情報を得たコミュニティは、私が主催するオンライン勉強会であった。２０２３年7月に立ち上げ、ほぼ月に1回のペースで開催し続けた。研究会の内容は実践家のリフレクションの交流である。秋田大学附属小学校副校長・

京野真樹氏、玉川大学教授・梅田比奈子氏、横浜市公立中学校長・長島和広氏、横浜市教育委員会指導主事・鈴木紀知氏、岐阜市教育委員会指導主事・鈴木大介氏、高松市公立小学校教頭・河田祥司氏との出会いおよび交流は本書の基本モチーフを構築するものになった。

第3章で紹介した三角形・四角形モデルは河田氏の発案による。第8章では京野氏の国語の授業を紹介させていただいた。オンライン勉強会は毎回50名近くが参加している。積極的に発言する方が多いのだが、私が勝手にコアメンバーと名付けた彼らの発言は一段深いリフレクションを示していた。

オンライン勉強会には公立私立の学校長も多く参加している。彼らからは学校経営上の相談を受ける機会が多かった。コンサルテーションのアクションリサーチになると思い、それぞれの学校を直接見て回った。授業を見ると、個々の教師の教育観が浮き彫りになってくる。組織としての課題も見えてきた。私の対面コンサルテーションの対象となった校長たちの学校の状況はいずれも改善しており、その成果も本書に反映されることとなった。

オンライン勉強会で得た情報を学術的なフレームに整理するため、研究者のコミュニティも立ち上げた。前著執筆時から多方面でアドバイスをいただいている溝上慎一氏、前著以来交流を深めている石井英真氏、行政官でありながらＯＥＣＤにおける学術的検討をリードした白井俊氏、カリキュラム・マネジメント論の田村知子氏、ハーグリーブスのプロフェッショナル・キャピタルについて共同研究した柴田好章氏、サルカール・アラニ氏、久野弘幸氏、木村優氏である。彼らとともに取り組む科学研究費補助金による研究「教師エージェンシーを通じた批判的リフレクションによる学校組織開発の学際的研究」は見事採択され、２０２４年度から２０２８年度までの研究費が確保されることになった。本書はこの科研費研究の中間報告の位置づけともなっている。

本書のテーマとなったアリストテレスのフロネーシス概念については溝上慎一氏に練り上げていただいた。溝上氏からは「アリストテレスがどう言ったかではなく、あなたが何を言いたいかが重要だ」と助言いただいた。確かにそうだ。私のアリストテレス解釈に誤りがないかどうかを尋ねて溝上氏を訪ねた私の姿勢は、技術的リフレクションに近いものだった。そうではなく、私が言いたいことを表現するのに、アリストテレスのことばが有効であると説明できるだけでいいのだ。溝上氏のコーチングで本書第1章の内容がほぼ確定した。

白井俊氏は現在内閣府に勤務している。研究者コミュニティの中で一番物理的距離が近いこともあり、ずいぶんと相談させていただいた。本書の第一稿を白井氏に読んでいただいたとき、「読者は誰を想定していますか？　理解できる人はほとんどいないと思います」とのフィードバックは、本書刊行を数ヵ月遅らせることになると同時に私の頭の中を再整理する貴重な助言となった。

教育開発研究所の佐々木準氏と大沼和幸氏にも大変お世話になった。佐々木氏は前著『先生たちのリフレクション』の編集担当である。今回も佐々木氏にお願いしたいと教育開発研究所に伝えたところ、大沼氏を紹介された。大沼氏は佐々木氏に劣らぬ配慮の行き届いた助言や版組をしてくださった。佐々木氏からも有益な助言をいただいた。いい本を一緒に作っていこうという姿勢を示していただき、大変励まされた。

以上のリフレクション遍歴とコミュニティにより、本書は成立するに至った。

２０２５年３月　著者

Second International Handbook of Educational Change, Springer International Handbooks of Education 23, Springer

- 千々布敏弥（2021）『先生たちのリフレクション』教育開発研究所、71-73
- 太田あや（2015）「秋田県、学力の軌跡（後編）」、『週刊文春』2015.11.5、132-135
- 千々布敏弥（2014）『プロフェッショナル・ラーニング・コミュニティによる学校再生－日本にいる「青い鳥」』教育出版、114-120

【第8章】教師のフロネーシスをどう促進していくか

- Hargreaves, Andy & Fullan, Michael（2012）, *Professional Capital,* Routledge, 木村優ほか訳（2022）『専門職としての教師の資本』金子書房
- Hargreaves, Andy & Shirlery, Dennis（2012）*The Global Fourth Way,* Corwin
- OECD (2019) *OECD Learning Compass Concept Notes* https://www.oecd.org/content/dam/oecd/en/about/projects/edu/education-2040/concept-notes/OECD_Learning_Compass_2030_concept_note.pdf

- Sarason, Seymour (1990) The Predictable Failure of Educational Reform: Can We Change Course before It's Too Late? *The Jossey-Bass Education Series and the Jossey-Bass Social and Behavioral Science Series* (Eric ED354587)
- Fullan, Michael (1994) Coordinating Top-Down and Bottom-Up Strategies for Educational Reform, *Systemic Reform: Perspecitives on Personalizing Education*
- Hargreaves, Andy & Shirlery, Dennis (2012) *The Global Fourth Way*, Corwin
- OECD (2019) *OECD Learning Compass Concept Notes* https://www.oecd.org/content/dam/oecd/en/about/projects/edu/education-2040/concept-notes/OECD_Learning_Compass_2030_concept_note.pdf
- Taylor, Dianne & Teddlie, Charles (1992) Restructuring and the Classroom: A View from a Reform District, *Conference paper*, (Eric ED347669)
- Weiss, Carol (1993) Shared Decision Making about What? A Comparison of Schools with and without Teacher Participation, *Teachers College Record, v95 n1*
- Fullan, Michael (2016) *The NEW Meaning of Educational Change Fifth Edition*, Teachers College Press, 45・48-52
- https://michaelfullan.ca/wp-content/uploads/2016/06/13396035630.pdf
- 田中博之 (2011)「全国学力・学習状況調査において比較的良好な結果を示した教育委員会・学校等における教育施策・教育指導等の特徴に関する調査研究」(平成22年度文部科学省委託研究報告書)
- 千々布敏弥 (2017)『若手教師がぐんぐん育つ学力上位県のひみつ』教育開発研究所
- Nye, Barbara; Konstantopoulos, Spyros; Hedges, Larry V. (2004) "How Large Are Teacher Effects?", *Educational Evaluation and Policy Analysis*, 26-3, 237-257
- Fullan, Michael (2010) Positive Pressure, in Hargreaves et al. (eds.),

● Shein, Edgar (2013) *Humble Inquiry,* Berrett-Koehler Pub, 金井壽宏監訳(2014)『問いかける技術』英治出版

【第6章】教師エージェンシーとは

● Lortie, Dan (1975) *School Teacher,* University of Chicago, 佐藤学監訳(2021)『スクールティーチャー』学文社
● Hargreaves, Andy (1994) *Changing Teachers, Changing Times,* Cassell
● 白井俊(2020)『OECD Education2030プロジェクトが描く教育の未来』ミネルヴァ書房
● Giddens, Anthony (1979) *Central Problems in Social Theory: Action, Structure and Contradiction in Social Analysis,* The Macmillan Press, 友枝敏雄ほか訳(1989)『社会理論の最前線』ハーベスト社、74-79
● Giddens, Anthony (1984) *The Constitution of Society,* Polity Press, 門田健一訳(2015)『社会の構成』勁草書房
● 中村眞知子編(2007)『再帰的近代社会』ナカニシヤ出版
● 千々布敏弥(2023)「学校の自律性と教育行政の学校支援に関する考察－ギデンズのエージェンシー概念に注目して－」、『国立教育政策研究所紀要(153巻)』、111-122
● Priestley, Biesta and Robinson (2015) *Teacher Agency,* Bloomsbury Pub, 4
● Biesta (2015) The role of beliefs in teacher agency, *Teachers and Teaching: theory and practice,* Vol. 21, No. 6, 624-640
● 住田昌治(2020)『管理しない校長が、すごい学校組織をつくる！「任せる」マネジメント』学陽書房、44-51・58・72-75・104
● 千々布敏弥(2008)『「授業力向上」実践レポート』教育開発研究所、10-17

【第7章】学校のエージェンシーを促進するポジティブ・プレッシャー

● Hargreaves, Andy & Fullan, Michael (2012), *Professional Capital,* Routledge, 木村優ほか訳(2022)『専門職としての教師の資本』金子書房

- Korthagen, Fred (2022) *Power of Reflection,* Routledge
- REFLECT(学び続ける教育者のための協会)編(2019)『リフレクション入門』学文社、17-18
- 柳沢昌一(2011)「実践と省察の組織化としての教育実践研究」、日本教育学会編『教育学研究(4号)』、89-104
- 富山市堀川小学校(1984)『生きかたが育つ授業』上巻、明治図書出版、78-79
- 柳沢昌一(2004)「実践のコミュニティと省察的な機構」、日本社会教育学会年報編集委員会編『日本の社会教育』東洋館出版社、201-213
- 佐々木庸介(2012)『「生徒が探究する授業」を構成する省察的実践の過程(118)』福井大学大学院教育学研究科教職開発専攻、187-192
- 独立行政法人教職員支援機構(2024)『「研修観の転換」に向けたNITSからの提案』
  https://www.nits.go.jp/about/strategy/files/index_NITSsuggestion_001_003.pdf
- 佐野寿則(2024)「『研修観の転換』に向けた教職員支援機構の挑戦」、ジアース教育新社『文部科学教育通信』、No579-592
- Senge, Peter (1990) *The Fifth Discipline,* Century Business, 守部信之訳(1995)『最強組織の法則』徳間書店、15・167
- Senge, Peter (1995) *The Fifth Discipline Fieldbook: Strategies and Tools for Building a Learning Orgarrization,* Nicholas Brealey, 柴田昌治訳(2003)『フィールドブック学習する組織「5つの能力」』日本経済新聞社
- Senge, Peter (1999) *The Dance of Change: The challenges to sustaining momentum in a learning organization,* Crown Currency, 柴田昌治訳(2004)『フィールドブック学習する組織「10の変革課題」』日本経済新聞社
- Senge, Peter (2012) *Schools That Learn,* Crown Currency, リヒテルズ直子訳(2014)『学習する学校』英治出版、162-167・176-179・200-207
- Shein, Edgar (1985) *Organizational Culture and Leadership,* Jossey-Bass, 清水紀彦、浜田幸雄訳(1989)『組織文化とリーダーシップ』ダイヤモンド社
- Shein, Edgar (1999) *Process Consultation Revisited,* Addison-Wesley, 稲葉元吉、尾川丈一訳(2002)『プロセス・コンサルテーション』白桃書房

- 石井英真(2020)『授業づくりの深め方』ミネルヴァ書房
- 市川伸一(2008)『「教えて考えさせる授業」を創る』図書文化社、3-11・13-14
- 東京書籍(2021)『新しい算数　3下』平成28年度版
- 文部科学省(2017)『小学校学習指導要領解説　算数編』、151

【第4章】教師の問題解決思考

- Lortie, Dan(1975) *School Teacher,* University of Chicago, 佐藤学監訳(2021)『スクールティーチャー』学文社
- 佐古秀一(2019)『管理職のための学校経営R-PDCA』明治図書出版、74-75・78-100・102-108
- 田村知子(2022)『カリキュラムマネジメントの理論と実際』日本標準、44・48-60
- 工藤勇一(2018)『学校の「当たり前」をやめた。』時事通信出版局、99-103・142-145
- 日野田直彦(2018)『なぜ「偏差値50の公立高校」が世界のトップ大学から注目されるようになったのか!?』IBCパブリッシング、68-69
- 阿部昇(2024)「授業の劣化と授業研究の崩壊、その原因と再構築の可能性」、日本教育方法学会編『語り合いを生む教育実践研究(教育方法53)』図書文化社、10-23

【第5章】省察を促すコーチング

- 千々布敏弥(2007)『スクールリーダーのためのコーチング入門』明治図書出版
- Schön, Donald(1983) *The Reflective Practitioner: How Professionals Think in Action,* Basic Books, 佐藤学、秋田喜代美訳(2001)『専門家の知恵：反省的実践家は行為しながら考える』ゆみる出版
- Korthagen, Fred(2001) *Linking Practice and Theory,* Routledge, 武田信子訳(2009)『教師教育学』学文社

- 文部科学省（2017）『小学校学習指導要領解説　算数編』、7・143
- 盛山隆雄ほか（2018）『数学的な見方・考え方を働かせる算数授業』明治図書出版、14-16・20-23
- 佐藤学（1992）「教育研究の現在『パンドラの箱』を拓く＝『授業研究』批判」、黒崎勲ほか編『教育学年報（1号）』世織書房、63-82
- 佐藤学（1996）「授業研究の課題と様式」、稲垣忠彦、佐藤学『授業研究入門』岩波書店、143-183
- 石井英真（2019）「教育方法学：「教育の学習化」を問い直し教育的価値の探究へ」、『教育学年報（11号）』世織書房、131
- 石井英真（2024）『教育「変革」の時代の羅針盤』教育出版、98-101

【第3章】教育観の省察

- Schön, Donald (1983) *The Reflective Practitioner: How Professionals Think in Action,* Basic Books, 佐藤学、秋田喜代美訳（2001）『専門家の知恵：反省的実践家は行為しながら考える』ゆみる出版
- Argyris, Chris & Schön, Donald (1996) *Organizational Learning II,* Addison-Wesley
- Korthagen, Fred (2001) *Linking Practice and Theory,* Routledge, 武田信子訳（2009）『教師教育学』学文社
- 石井英真、河田祥司（2022）『GIGAスクールのなかで教育の本質を問う』日本標準、74
- 文部科学省（2017）『中学校学習指導要領』、41
- 東京書籍（2021）『新しい社会　歴史』令和3年度版
- 盛山隆雄ほか（2017）『小学校算数「主体的・対話的で深い学び」30』明治図書出版、86-89
- 佐藤学（2012）『学校見聞録－学びの共同体の実践』小学館、44
- 佐藤学（2015）『学び合う教室・育ち合う学校－学びの共同体の改革』小学館、19-20
- 佐藤学（2018）『学びの共同体の挑戦』小学館、67・117-120・132
- 佐藤学（2021）『学びの共同体の創造』小学館、20・83-84・114

より)、青木栄一ほか編『教育学年報(12号)』世織書房、251-252
- 佐藤学(1996)「授業研究の課題と様式」、稲垣忠彦、佐藤学『授業研究入門』岩波書店、120-122
- 富山市堀川小学校(1984)『生きかたが育つ授業』上巻、明治図書出版
- 千々布敏弥(2005)『日本の教師再生戦略－全国の教師100万人を勇気づける』教育出版、119-120
- OECD (2019) *OECD Learning Compass Concept Notes* https://www.oecd.org/content/dam/oecd/en/about/projects/edu/education-2040/concept-notes/OECD_Learning_Compass_2030_concept_note.pdf
- 白井俊(2020)『OECD Education2030プロジェクトが描く教育の未来』ミネルヴァ書房、61-62・73-74

【第2章】教材研究におけるエピステーメーとフロネーシス

- 吉本均(1983)『授業の構想力』明治図書出版、55-107
- 吉崎静夫(1997)『デザイナーとしての教師　アクターとしての教師』金子書房
- Watanabe, Tad; Takahashi, Akihiko; Yoshida, Makoto (2008) Kyozaikenkyu: A Critical Step for Conducting Effective Lesson Study and Beyond, *Inquiry into Mathematics Teacher Education*, 131-142
- Elliott, John (2017) Lesson study as curriculum analysis (Kyouzai Kenkyuu) in action and the role of "the teacher as a researcher", *International Journal for Lesson and Learning Studies*, Vol. 6, No. 1, 2-9
- 澤本和子(2024)『授業リフレクション研究による学びの考究』風間書房、108-125
- 澤本和子ほか(1996)『わかる・楽しい説明文授業の創造－授業リフレクション研究のススメ』東洋館出版社、8-10・21-27
- 澤本和子ほか(2005)『柏市立中原小学校の挑戦！－授業リフレクションで校内研を変える』東洋館出版社、43-44・73・90
- 文部科学省(2017)『小学校学習指導要領』、72

引用・参考文献

【はじめに】

- 千々布敏弥（2021）『先生たちのリフレクション』教育開発研究所
- 千々布敏弥（2005）『日本の教師再生戦略－全国の教師100万人を勇気づける』教育出版
- 千々布敏弥（2014）『プロフェッショナル・ラーニング・コミュニティによる学校再生－日本にいる「青い鳥」』教育出版
- 千々布敏弥（2017）『若手教師がぐんぐん育つ学力上位県のひみつ』教育開発研究所
- 千々布敏弥（2019）『学力がぐんぐん上がる急上昇県のひみつ』教育開発研究所

【第1章】フロネーシスとは

- 中央教育審議会（2021）「『令和の日本型学校教育』の構築を目指して～全ての子供たちの可能性を引き出す、個別最適な学びと、協働的な学びの実現～（答申）」
- 向山洋一（1986）『教師修業十年』明治図書出版
- 向山洋一（1980）「絶えざる追求過程への参加」『現代教育科学（282号）』明治図書出版
- アリストテレス著、渡辺邦夫・立花幸司訳（2015・2016）『ニコマコス倫理学（上）（下）』光文社
- Schön, Donald (1983) *The Reflective Practitioner: How Professionals Think in Action*, Basic Books, 佐藤学、秋田喜代美訳（2001）『専門家の知恵：反省的実践家は行為しながら考える』ゆみる出版
- 平田宗史（1979）『明治地方視学制度史の研究』風間書房
- 石井英真ほか（2021）「教育研究と現場のあいだに『相互承認』は成り立つか」（苫野一徳、濱中淳子、仁平典宏、石井英真、下司晶、丸山英樹対談

千々布敏弥（ちちぶ・としや）
国立教育政策研究所 研究企画開発部 総括研究官

1961年、長崎県生まれ。九州大学大学院博士課程中退、文部省（当時）入省。その後、私立大学教員を経て、1998年から国立教育研究所（現・国立教育政策研究所）の研究官として、複数の都道府県・市町村の学力向上施策の相談に応じている。

2000年、内閣内政審議室教育改革国民会議担当室併任。2003年、米国ウィスコンシン州立大学へ在外研究。2013年、カザフスタン・ナザルバイエフ・インテレクチュアル・スクールにて授業研究アドバイザー。学校評価の推進に関する調査研究協力者会議をはじめ多数の文部科学省関係委員を歴任。

主な著書に『結果が出る 小中OJT実践プラン20＋9』『若手教師がぐんぐん育つ学力上位県のひみつ』『学力がぐんぐん上がる急上昇県のひみつ』『先生たちのリフレクション』（教育開発研究所）ほか多数。

先生たちのフロネーシス

リフレクションを超えた授業改善の考え方

2025年3月31日　第1刷発行

著　者　千々布敏弥
発行者　福山孝弘
発行所　株式会社教育開発研究所
〒113-0033　東京都文京区本郷2-15-13
TEL：03-3815-7041（代）　FAX：03-2816-2488
URL：https://www.kyouiku-kaihatu.co.jp/
E-mail：sales@kyouiku-kaihatu.co.jp
振替　00180-3-101434

装丁・DTP　ヤマシタツトム
編集協力　佐々木準
編集担当　大沼和幸
印刷所　中央精版印刷株式会社

ISBN 978-4-86560-606-5